Project
Management
Office

キャリアアップしたいエンジニアは「PMO」を目指す

DX時代の最強PMOになる方法

甲州 潤

ビジネス教育出版社

目次

第8章 どんな時代でも生き残れる実力をつけよう

まえがき

年収3000万円稼げる最強のIT人材とは?

「2030年にはIT人材が約80万人不足する」と経済産業省が発表しています。

日本はいつからか「AI後進国」と言われるようになりましたが、デジタル人材の育成は、まさに国を挙げての急務です。新型のウイルスが発生し、必要に迫られる形でリモートワーク化が一気に進んだ影響で、IT人材はこれまで以上に、引く手あまたとなりました。

一方で、いまだサービス残業が多く、「3K」と言われるのがシステム開発の現場です。労働時間や専門性に見合った対価を受け取っていない、と感じるSEが多いのです。

この本は、SEやITエンジニアから、「PMO」にキャリアアップし、年商1億円を実現する本です。

PMOとはプロジェクト・マネジメント・オフィスの略です。

システム開発プロジェクトには、通常「PM＝プロジェクト・マネジャー」が存在します。PMOは「プロジェクト・マネジャー」を補佐し、場合によっては複数のプロジェクトをまたいで、会社組織全体のマネジメントに対して、支援活動をおこなう仕事です。

一般的なPMOの主な役割は、次の通りです（一般社団法人日本PMO協会のHPより）。

1．プロジェクトマネジメント業務の支援
2．プロジェクト間のリソースやコストの各種調整
3．個別企業に適応したプロジェクト環境の整備
4．プロジェクトマネジメントに関する研修など人材開発
5．その他　付随するプロジェクト関連管理業務

PMOは企業の会社員として働くこともできますし、フリーランスになることもできます。

2021年におこなわれたdoocy　Job（ドーシージョブ）の調査によれば、フリーランスのPMOの平均年収は1021万円です。

また、最低年収が300万円、最高年収が2520万円という記録があります。

PMOのニーズは今後ますます高まると予想されるため、年収3000万円も夢ではありま

せん。
今、ＳＥになったものの、収入が上がらなくて困っている、という人や拘束時間が長くて激務になってしまって辛い、という人は、ぜひフリーランスのＰＭＯを目指してください。
ひょっとすると、あなたがＰＭＯになることで、激務で疲弊している現場のマネジメントが改善し、「ブラック企業ホワイト化のヒーロー」になれる可能性もあります。

本書では、現場の生産性を改善することで、クリエイティブな企業活動をサポートし、数多くのプロジェクトメンバーやユーザー企業に感謝され、年商1億円を稼ぐＰＭＯになる方法を、あますところなくお伝えします。

〈出典〉
フリーランススタート「ＰＭＯの年収は？　ＰＭＯの仕事や年収アップに必要なスキルを解説」２０２１年：
https://freelance-start.com/articles/309
一般社団法人日本ＰＭＯ協会ＨＰ：
https://www.nＰＭＯ.org/ＰＭＯ%E3%81%A8%E3%81%AF/

「PMO」はユーザー企業とベンダー企業をつなぐ通訳

はじめまして、甲州　潤（こうしゅう　じゅん）と申します。

私は、株式会社　office　Root（オフィスルート）というＰＭＯサービスの提供をおこなう会社を経営しています。

まずは、簡単に自己紹介をさせてください。

中学時代からパソコン少年だった私は、国立高等専門学校（高専）の情報工学科に進学後、ＳＥ（ソフトウェアエンジニア）として働き始めました。ですが、会社員のままだと自分のスキルアップになるプロジェクトを選べないことから、就職後、わずか2年弱でフリーランスに転身したのです。

フリーランスになった後は、50～２００人規模の、国内大手ＳＩ（システムインテグレーション）企業のプロジェクトに参画する機会が多数ありました。

その中で、疑問に思ったことがあります。

素晴らしいエンジニアが何十人もいるのに、システム開発のプロジェクトがなぜか失敗してしまうケースがあることです。

私は、日々業務に当たりながら「なぜだろう?」とその理由を考えました。

すると、ユーザー企業のシステム担当者とSEの間における情報伝達やコミュニケーションがうまくいっていないことに気がつきました。それら2者間においては、お互いの意図がわからず、コミュニケーションのズレが発生しがちでした。

結果的に、ユーザー企業の要望にまったく適っていないシステムが作られてしまっていたのです。これは、当事者間の問題というより、マネジメントが機能していないことに原因がありました。顧客の求める成果物をつくるとき、プロジェクトの全体像を把握し、適切な進捗管理をおこなうという「プロジェクト・マネジメント」がうまく機能していなかったのです。

そのとき、「プロジェクト・マネジメント」をサポートする「PMO」になろうと決意し、今日に至っています。

PMOはコミュニケーション力を活かせる仕事です。

ITに疎いユーザー企業が一体何を求めているかを、ベンダー企業のSEに伝える役割を担います。また、難しいカタカナ用語を使わず、ユーザー企業にシステムの説明をすることも求められます。

PMOはドラえもんの道具「翻訳こんにゃく」のように、柔軟な思考・発想・言語変換力により、ユーザー企業とベンダー企業の間に入り、両者の会話を成立させるのです。

SEは30歳からキャリアアップしなさい

２０１９年の調査では、ＳＥの平均年収は約５６９万円でした。

ＳＥの年収は20代後半以降、一気に上昇するものの、「40代になると伸びが鈍化する」という傾向があります。ＳＥは30代、もっといえば30歳を節目に、ＰＭ、ゆくゆくはＰＭＯへのキャリアアップを目指すのがオススメです。

フリーランスのＰＭＯになれば、年収１０００万～３０００万円を得ることも可能です。

ここで、ＳＥからＰＭＯにキャリアアップし、活躍するための４つのステップをご紹介します。

1．SEでチームリーダーを経験する。

まずは、５～30人程度のチームでプロジェクトリーダー（ＰＬ）としてマネジメント経験を積みます。自分自身も、設計、開発、テストを担当しながら、チーム全体の進捗管理や課題解決のサポートをします。

この時期には、ＰＭＰ、Ｐ２Ｍ、ＰＪＭ－Ａなどの資格を取得する、セミナーに参加する、あるいはＰＭＯから直接学ぶなど、マネジメントの勉強と実績づくりを同時進行でおこないます。

２．「ジュニアＰＭＯ」あるいは「ＰＭＯサポート」を経験する。

ＳＥチームのＰＬとしてマネジメント業務を担っていた点を実績にして、ＰＭＯチームのメンバーに参画します。

ＰＭ、ＰＭＯリーダーのサポートをおこないながら、先輩から仕事の進め方、立ち回りなどを習得します。

ヒアリング内容のまとめ、計画書の作成、ＷＢＳの更新、報告書の作成などを経験するうちに、経営者、お客様業務部門、お客様情シス部門、システムベンダー各社などを含めた、「関係者の全体像」が把握できるようになっていきます。

３．チーム公認のＰＭＯとしてプロジェクトに参画する。

見習いのＰＭＯを卒業し、いよいよチーム公認のＰＭＯとしてプロジェクトメンバーのチームビルディング、プロジェクト全体調整・管理、課題解決の推進などをおこないます。

4．上級ＰＭＯを目指して経験値を上げる。

ＰＭＯには、１つだけのプロジェクトを管理するものから企業全体、あるいは、複数企業をとりまとめるものまで幅広く活躍の場があります。

マネジメントするプロジェクトの数や規模、あるいはプロジェクトの種類もさまざまであるため、多くの経験を積み、高額案件を引き受けられるスキルを身につけていきます。

本書では、この４つのステップについて、より詳しく解説していきます。

ＰＭＯは企業だけでなく、国、国家間、宇宙開発にいたるまで、さまざまなプロジェクトを成功に導く「未来デザイナー」の役割を担っています。

本書を参考に、そんな夢のある職業へのステップアップをぜひ成し遂げてください。

〈出典〉
ＪＡＶＡキャリ
「エンジニアの平均年収と業種別・年代別年収データ徹底解析！　高年収エンジニアの法則」
２０２０年

1

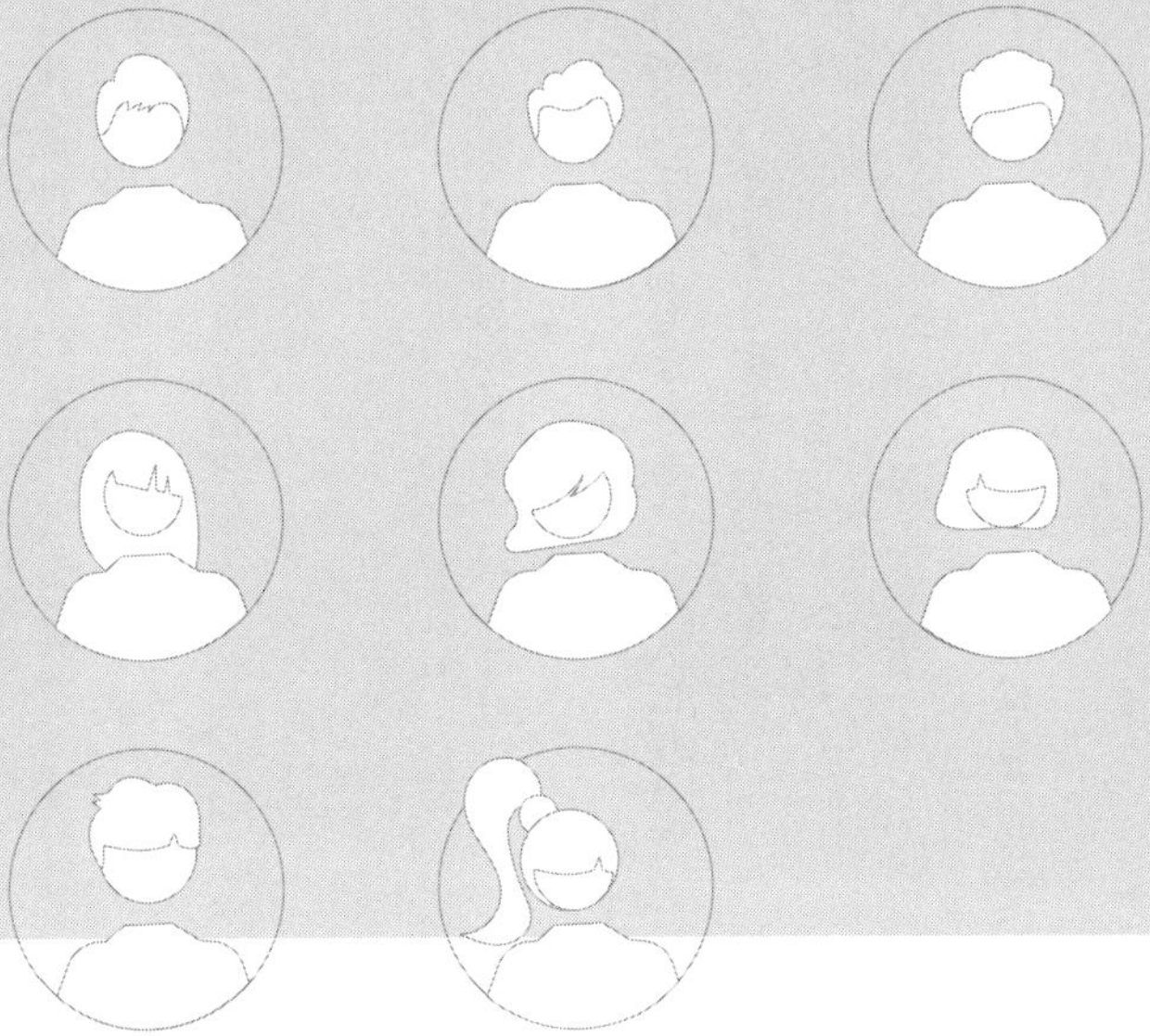

一番稼げる
IT人材は誰か？

「うちの会社においでよ」と言われないSEの末路

学生時代、「世の中の人をアッと驚かすようなシステムを作りたい」「たくさんの人の生活を豊かにするようなサービスを作りたい」と夢を描き飛び込んだエンジニア業界。以来、多くのプロジェクトに携わり経験を積み「ベテランソフトウェアエンジニア」になった。そんな方も多いでしょう。

しかし、こんな悩みを抱えてはいませんか?

・自分でもまた周りからも「あの人に任せておけば大丈夫」と思われているのに、なぜかキャリアに行き詰まりを感じている。
・学生時代なりたいと思っていた「ソフトウェアエンジニア」になれたのに、その先のキャリアが描けない。
・「まあでも、年収600万円前後はもらっているから、このままこの会社で定年までお世話になろう…」と自分で自分に言い訳をしている。

これらはすべて「キャリアアップに消極的なエンジニア」であり、キャリア迷子になっている状態です。実際、このような状態に置かれたエンジニアを私は大勢見てきました。

彼らは、プログラミングも要件定義も設計書もつくれるほど優秀なはずなのに、なぜか長時間忙しい激務を抱え、見合わない給料で働き続けているのです。

それが、ここでいう「うちの会社においでよ」と言われないＳＥの末路です。

もちろん、彼らはお客様からニーズを引き出したり、お客様が希望することをシステムで実現したり、それらを多くのプロジェクトで再現できるつぶしの利く人材には違いありません。

しかしある意味「それしかできない」のです。

では、逆に「うちの会社においでよ」と言われるＳＥはいったいどんな人なのでしょうか。

彼らの大きな特長は、「お客様の要望以上の提案ができ、目的達成にコミットできる」ことです。

ただお客様から言われた通りにシステムをつくるのではありません。お客様のビジネスモデル、それに伴う課題を把握したうえで提案を出す。お客様から話を引き出しながら、ときに設計を変えてカスタマイズしていく。そういったスキルを有した人のことをいいます。

今お話ししたような流れで、あるプロジェクトが大成功したとしましょう。
すると、「実は他にもお願いしたいプロジェクトがあるんだけど、うちの会社の社員として働いてくれない?」と声がかかるようになります。そうなればこっちのもの。システム構築だけではなく、他の幅広い業務に携われるばかりか、給与も交渉次第…という有利な条件で進めることができるのです。

さて、みなさんは選ばれないSEになりたいですか?
それとも、選ばれるSEになりたいですか?

「ＩＴ人材40歳定年説」のウソホント

現在、会社員の定年は60歳ですが、２０２５年には改正高年齢者雇用安定法により、定年が65歳まで引き上げられます。しかし、時代に逆行するようにＩＴ業界では「ＩＴ人材40歳定年説」がささやかれています。

いったい、なぜなのでしょうか。

そのひとつの理由が、ＳＥのキャリアパスの終着点が40歳前後にあることです。これはいったいどういうことなのでしょうか。

例えば、新卒で入社した社員がエンジニアを目指してスキルを身に付けたとしましょう。テストやプログラミング、設計書作成などは5年もあれば身に付けることができます。つまり、30代ともなれば業務を一通りこなすことが可能になるわけです。

一度スキルを身に付けてしまえば、やることはたいして変わりません。極端な話、30～40歳の10年間はお客様が変われどルーティンワークを繰り返すことになるのです。

そうなれば、あとは「作業単価」の話になります。

例えば同じソフトウェアエンジニアの40歳Aさん、30歳Bさんがいたとしましょう。Aさん、Bさんともに年齢は違いますが、積み上げたスキルは同じ。つまり成果も同じ、ということになれば当然お客様は「年齢が低く安く使えるBさんでお願いします」となります。すなわち、40歳のAさんはこのタイミングで選ばれなくなります。これが、「40歳定年説」の正体です。

しかし、この「40歳定年説」に当てはまらない人もいます。それがこれからお話しするプロジェクトマネジメントスキルを身に付けた場合です。

そもそも、ソフトウェア開発は、ただ単純に「システムを作ればいい」ということではありません。システムをつくる背景には、お客様が実現したい仕組みや事業の拡大など、それぞれ異なった理由があり、システムを導入するにあたって関係する人が少なからず出てきます。

例えば、「手作業で行っている出荷や管理業務を自動化したい」という要望があったとき、現場のスタッフや経理担当者からどんなことに困っているのか、まず聞き取りを行います。それと同時並行で、経営層に「スケジュールはこんな進行でいいですか?予算はこれくらいになりそうです」と調整します。もちろん、営業部門にも「システム導入で業務がどう変わるのか」

説明を尽くさなければなりません。

もし、こういった調整をしない場合はどうなるでしょう。

各部署から「システム導入なんて話、聞いていないよ」「現場で全然使えないシステムだよ」といったトラブルにつながりかねません。

そういったトラブルや行き違いを未然に防ぐためにも、業務に関連したすべての人たちに説明をしながら、プロジェクトを前に進めていく。いわば調整役はなくてはならない存在なのです。そしてそれこそが、ベテランエンジニアが次に目指す「ＰＭＯ」だと私は考えています。

システムの作り方も、お客様の特性もわかっている。そこまでわかっていれば、あとはプロジェクトマネジメントのスキルを身に付け、お客様が実現したいプロジェクトそのものを全体的にリードしていくのは、そこまで難しいことではありません。

実際、私もＰＭＯの立場でシステム開発・導入のプロジェクトを進めた際、これまでエンジニアとして培ってきたスキルがひとつの線につながるのを感じました。その後、プロジェクトが成功したことで「ぜひうちの会社のプロジェクトも手伝ってください」という依頼が次々に舞い込むようになったのです。

40歳を超えても、ＰＭＯとして働くことができたら、「ＩＴ人材40歳定年説」なんてもはや気にする必要はありません。

ＳＥのまま、定年を迎えるのか。

さらにもう一歩ＰＭＯにステップアップして、自分のキャリアの寿命を延ばしていくのか。

それはあなたの決断次第なのです。

会社や仕事はプロジェクトで成り立っている

本書を読んでくださっているみなさんも、これまで多くのプロジェクトに関わってきたと思います。ここでいうプロジェクトとは何もシステム開発に限ったことではありません。

例えば、商品のモデルチェンジや、新規事業開発はイメージしやすいはずです。このプロジェクトを成功させるため、あなたはやるべきタスクに順番をつけたり、各部署と業務調整を進めたり、作業プロセスを可視化して管理などをしてきたはずです。

あるいは、「新規事業の立ち上げ」や「営業活動」もプロジェクトのひとつです。営業活動において「1ヶ月10件の新規契約を取る」といっても、月末に10件契約が獲れるわけではありません。1週目には何件アポイントメントを取ってヒアリングをして、2週目には何件の提案をして…と計画を立て、その計画を達成するために「今日は何をしなければいけないか」に落とし込んでいきます。さらに、複数人で目標を達成する場合は、どのメンバーがどの程度達成できたかを把握し、次のアクションにつなげていく。これもまた、プロジェクトそのものです。

また、定常業務、定期業務もプロジェクトといえます。例えば工場であれば「毎日何個出荷する」といった取り決めや「この基準の品質を保つ」といった基準を達成すること。これもひとつのプロジェクトです。

このように見ていくと、「仕事のすべてはプロジェクトで成り立っている」と言い切ることができます。そればかりか「会社はプロジェクトで成り立っている」と言っても過言ではありません。

そしてそのプロジェクトを成功に導くために重要となるのが、ＰＭＯの役割です。それはシステム開発だけに限ったことではありません。よく、「システム開発のＰＭＯとして経験がないので、ＰＭＯではありません」という認識を持っている方がいますが、それは大きな誤りです。これまでプロジェクト管理をしたことがあれば、ＰＭＯの経験はあるといっていいでしょう。自分からチャンスの扉を閉めないでください。

とはいえ、ＰＭＯの経験があるからといってプロジェクトが成功するかは別問題です。成功に導くための前提条件として、共にプロジェクトを進めていくクライアントにも「すべての仕事はプロジェクトで成り立っている」といういわば「プロジェクト概念」を持ってもらうことが重要です。でなければ、「ＰＭＯが必要なのは実際に作業をするシステム会社や制作会社の中だけの話でしょう」と勘違いされたまま進み、プロジェクト進行に支障が必ず出るからです。発注者側、受注者側の目線合わせ、プロジェクト概念の共有もＰＭＯの大事な役割。プロジェクト概念を共有し、実務へと進んでいってほしいと思います。

プロジェクトを成功に導く専門職「PMO」が生まれた背景

では、そもそもなぜPMOがプロジェクト成功に不可欠なのでしょうか。それを紐解くために、過去PMOが存在していなかった頃に時を戻して考えてみましょう。

2000年代、まだPMOという職種がなかった頃、プロジェクトの進行はPM（プロジェクトマネジャー）にゆだねられていました。というのも、当時は現在のように業務の細分化や複雑化もなく、クライアントは自社内で完結できる規模で、外部に委託する場合であっても1社にプロジェクトを丸ごと任せればそれで充分機能する時代だったのです。また、プロジェクトに参画するのも限られたメンバーだったため、人の管理もそこまで難しくはありませんでした。

しかし、時代が進むにつれ、テクノロジーも進化。それに伴いWeb制作や営業活動を専門にする企業が増え、大きなプロジェクトは複数の企業が入るのが当たり前になりました。つまり、1社にプロジェクトを任せておけばよかった時代から、プロジェクトチームの体系が変化したのです。これらはシステムを受注する側の話ですが、かたや、事業会社の内部組織も、以前とは異なる体制に変化を遂げてきました。

事業会社における企業の吸収合併、あるいはグループ会社への統合といった企業側の都合に加え、雇用面でも中途採用者や外国人が入社するなど、さまざまなバックボーンを持った人たちと働くことがスタンダードになったのです。

このような状態では、とても本来業務の片手間にプロジェクト管理をすることはできません。メンバーが持っている背景や、企業カルチャーの違いを把握したうえで業務管理、マネジメントを専門に扱うポジションが求められます。

実際に２０００年代後半からはＰＭＯというポジションが市場に出始め、プロジェクトを成功に導いたといわれています。

ちなみに、プロジェクトマネジメントの世界標準となっているＰＭＢＯＫ（ピンボック）が策定されたのは１９９６年。そこからＰＭＢＯＫとＰＭＯが日本に入ってくることになるわけですが、そもそもアメリカでビジネスをしていくうえで、ＰＭＯの存在はなくてはならないものでした。日本と違いアメリカは人種や言語、文化、宗教観も異なる多民族国家。多国籍文化の中で、短期間でチームビルディングを行い、プロジェクトを成功に導くためには、プロジェクト管理を適切に行う専門職が不可欠だったのです。

日本もこの20年で多様化が進み、価値観の異なる人と働く機会が増えてきました。まさしく今、日本企業に求められているのはＰＭＯとしてプロジェクトを進めていく人材なのです。

ＰＬ、ＰＭ、ＰＭＯの違いを知っていますか？

全国の20代で、出世欲のない人は約77％もいるそうです。
「責任のある仕事をしたくない」というのが主な理由ですが昨今の経済情勢から、「給料がたいして増えないのに、責任や仕事量だけが増えるのが嫌」という本音もあるようです。残念ながら、業種によっては、そのような会社もあります。

ですが、ＳＥの世界では
ＰＬ（プロジェクトリーダー）、
ＰＭ（プロジェクト・マネジャー）、
ＰＭＯ（プロジェクト・マネジメント・オフィス）と階段を上るごとに、稼げる額も大きく変わってくる特長があります。ではここでＰＬ、ＰＭ、ＰＭＯの違いを解説します。

ＰＬ（プロジェクトリーダー）は、大きなプロジェクトの中に複数のチームがある場合、そのチームのリーダーとなるような役職です。（チームリーダーと呼ばれたりもします）

システム開発・導入の場合は、アプリケーションチーム、サーバサイドチーム、インフラチーム、運用チームなどそれぞれの専門領域ごとにチームが編成されます。それぞれのチームにＰＬが配置され、チームのメンバーに指示を出したり、意見をまとめたり、自身も現場で実務にあたりながら、チームを監督していきます。

ＰＭ（プロジェクトマネジャー）は複数のチームで構成されるプロジェクトの総合的な責任を担う役職です。「プロマネ」と略されることもあります。ＰＭの本来業務は方針を決定し、やるべきことを決めることです。プロジェクトの目標達成に向けて何を行い、何をやらないかを意思決定していくことが求められます。前述したＰＭＯが存在しなかった時代は、本来業務を行うために、プロジェクト全体の進捗状況を把握し、人員、予算、納期、品質を管理し、リスクマネジメントまでおこないます。

ＰＭＯ（プロジェクト・マネジメント・オフィス）は、ＰＭを補佐する役割です。現在では、プロジェクトを推進するために決定する事項が多種多様かつ量そのものが多くなってきました。そのため、ＰＭからマネジメント業務を切り離し、ＰＭＯが実施します。

時には、部署の枠を越え、複数のＰＭをサポートしたり、社長を直接補佐したりすることもあります。さらには、社内に設置されたＰＭＯの部署で活動するだけでなく、ユーザー企業にＰＭＯのサービスを提供することもあります。

さらに言えば、ＰＭＯは次のような仕事も行います。

例えば、とあるシステム開発を進めようとしたとき、社内・組織内にＩＴ人材が不在の場合や、ＩＴ人材がいても現場とのコミュニケーションの齟齬があったりして、プロジェクトの責任者がＩＴ部門から十分なサポートを得られていないケースです。こうしたときにＰＭＯは、そのような企業に自ら入り込みプロジェクトをサポートします。これはまさに「神出鬼没のＩＴコミュニケーション通訳」ともいえるプロフェッショナルな職業です。

前項でも述べましたが、ＰＭＯが活躍するのは、なにもシステム開発の場だけではありません。多種多様のプロジェクトを担う企業・組織があり、商品開発、イベント・プロモーション活動、商業施設建設、教育、福祉、行政サービスに至るまで、多方面に活躍できるそんな可能性を秘めているのです。

キャリアアップしたいエンジニアはＰＭＯを目指しなさい

もし、私が30代後半のＩＴエンジニアから「キャリアアップしたいがどうしたらいいかわからない」という相談を受けたら、迷わず「ＰＭＯを目指しなさい」とアドバイスします。40歳間近、自身のエンジニアとしての価値を高めることもそうですが、なによりＰＭＯに必要なスキルを身に付けることによって、収入増が見込めるからです。

それはなぜなのか。

エンジニアとして関わるプロジェクトとＰＭＯとしてプロジェクトに関わるのでは扱う業務規模、業務領域の広がりが圧倒的に違うからです。

具体的にどういうことなのか。初めてＰＭＯとしてクライアント案件に入る場合を想定して、順に考えてみましょう。

「経理部内でのみ使用する会計システムの刷新」を行うプロジェクトに参画し、目標達成することができました。すると、今度は経理部と営業部、さらには生産部と経営企画部が関わるような大きなプロジェクト推進を任せられるようになります。これもまた無事に成功に導くことができました。という具合に小さなプロジェクトから大きな実績を積み重ねたことになります。

それに加えて、クライアントの社員とも周知の間柄になっているため「社内のシステムをひとつなぎにしたいんですけど、どうすればいいですか？」「今度社内で新規事業の企画が持ち上がっているんですけど、参加してくれませんか？」と次々に声がかかるようになっていきます。

さらには、「この会社と会社を統合するために必要な施策を一緒に考えてください」というように、経営企画部や社長直下で実行するプロジェクトをサポートする機会にも恵まれ、やがてさらに規模の大きなプロジェクトを担当するようになるのです。

実はこれらはすべて私が実際に経験した話なのです。いずれにしてもＰＭＯには、「どこにポジションを置くか」によってさまざまな部分に関わることができる強いカードを持っています。広い領域で、またそれに見合った収入をいただけます。ＰＭＯには多くの魅力があるのです。

もちろん、一生システムエンジニア、ソフトウェアエンジニア一筋でキャリアを積み上げる、という選択肢もあります。

しかしエンジニアであれば、自身の業務管理や進行管理、またチームメンバーと共に仕事をしていくことになります。その際に、マネジメントの発想や、計画策定などの知識を頭の片隅に置いたり、あるいは実務として経験しておくことは結果的にエンジニアとしても成長できるのではないでしょうか。

一度ＰＭＯにチャレンジしてみて「自分には合わないな」と感じたらソフトウェアエンジニアに戻ることもできます。

最初に担当するのは、小さなシステム開発のＰＭＯかもしれません。しかし、そこから興味を持って取り組めば、さまざまなプロジェクトがあなたを待っています。

ＰＭＯになれば数十億円規模の案件を担当できる

前項で「ＰＭＯになれば、収入増が見込める」とお伝えしましたがその理由の一つが、大規模プロジェクトに関わるチャンスがあるからです。

ここでいう大規模プロジェクトとは、企業売買や統合といった企業存続そのものに携わるようなもので、費用も数十億円かかるようなまさに大型案件です。それだけの規模感、また額を扱う企業ですから、ともに仕事をする企業は、外資系の大手コンサルティング会社、国内外大手ＳＩ企業をイメージしてください。

このような企業のお客様（事業会社）は、事業の売上が数百億円規模。その売上をさらに増やすための投資は惜しみません。そのため、「システム投資に10億円かける」「15億円かけてシステム刷新する」というのはむしろ事業拡大に必要不可欠だと考えているのです。

当然、このプロジェクトを成功させるために必要な人材、チームにも投資は惜しみません。具体的にいえば「月１００万円で中途半端なＰＭＯが来てこのプロジェクトが遅れるよりは、３倍の金額を払ってでもいいから優秀なＰＭＯに来てほしい」という発想なのです。

今やどんな業種であってもシステム開発は不可欠なもの。そのため、ＰＭＯとしての活躍の幅も広がっているのが現状です。

といっても、もちろん数十億円規模の案件にいきなり参画できることはありません。大規模プロジェクトには、多くのメンバーとそれなりの期間を有します。それだけのプロジェクト管理を任されるには、やはりそれにかなう実績と裏打ちされた経験とスキルが重要になってくるからです。

過去一緒に仕事をした方や、あるいは自身の仕事ぶりを把握している方が「この人なら任せられる」という信頼が前提で話が来ることは珍しくありません。

実際私も、数年前プロジェクトで一緒になった方から、数年越しに「甲州さん、今度こういうプロジェクトがスタートするからＰＭＯをお願いできない？」という経験を何度となくしてきました。そうやって自分にお願いされた仕事に対して真摯に取り組んだ結果、数十億円規模のプロジェクトに呼ばれるようになったのです。

コツコツと自分で積み上げたキャリアが評価として、また収入としても反映される。そう考えていくと、ＰＭＯって将来性のある、実にやりがいのある仕事だと思いませんか？

経営視点、業務視点、システム視点、3つの視点を持つ最強の人材になろう

では、そんな選ばれ続けるＰＭＯになるためには、どんな視点が必要なのでしょうか。私はよく「経営視点、業務視点、システム視点の３つを持ってください」とかけ出しのＰＭＯたちに伝えています。そもそも、この３つの中で１つの視点を突き詰めた人たちが大半です。

例えば、「システム開発一筋30年です」という人はシステム視点に長けているでしょう。あるいは、「経理業務を20年行ってきました」という人は業務視点は持ち合わせているはずです。

しかし、ＰＭＯは１つの視点だけ、あるいは２つの視点では足りません。３つの視点を持っておくことで初めてプロジェクトの全体が見え、適切に進行していくことができるからです。

では、経営視点、業務視点、システム視点とはどのようなものなのか、簡単に説明します。

まず経営視点とは、「その会社がどのように利益を上げていくのか」「どのように会社を運営していくか」という経営者の思考、視点のことを指します。経営層に「このプロジェクトが事業経営にどんなインパクトを与えるのか」というプレゼンテーションを行う際にもこの視点は必要です。

つぎに業務視点とは、「さまざまな部署でどんな業務が行われているのか」「現場のスタッフはどう動いているのか」「営業部と経理部の連携がどうなされていて、商品が販売されているのか」という現場視点のことを指します。これは、「実際にプロジェクトが展開されたときに、どんな風に受け入れられるのか」ということを把握する意味でも、重要な視点です。

そして最後のシステム視点とは、「この会社ではどんなシステムが動いているのか」「システムの課題がどこにあるのか」「今行っている作業をシステムによって解決できないか」など、業務がどんなシステムによって動いているか把握、理解する視点です。

もし、あなたがソフトウェアエンジニアだったら、このうち、おそらくシステム視点と業務視点は持ち合わせていることでしょう。あとあなたが手に入れるべきは「経営視点」です。

この経営視点を身に付けるためにはフリーランスになることが一番の近道です。やはり会社員として業務に携わるのと、個人事業主として業務に携わるのでは、プロジェクトのとらえ方がまったく違うからです。それはあらゆる場面で違いが表れます。

例えば、個人事業主で青色申告者になれば決算書である貸借対照表と損益計算書を作成しなければなりません。

大きな額ではないかもしれませんが、自分の売上に対して「PLはどうなっているのか?」「資産はどうなっているのか?」ということから収入・支出・資産を自分ごととしてとらえることができ、「経営視点」が身に付いてくるのです。

個人事業主になることで気づけることはほかにもあります。「仕事が途切れたときのリスクヘッジをどうするか」「仕事をもらえて順調に回っているときには何をしておけばいいのだろうか」と先を見通して今自分が何をするのが最善か、やるべきタスクの優先順位を自分でつけることができます。

残念ながら、会社員のままでいると、このような経営視点は身に付きません。確定申告も、人員確保も予算計画も会社任せでは、本質的に考えようとしないからです。

会社の課題、事業の課題をいかに自分事としてとらえられるか。それもまた良いＰＭＯになるためのひとつの条件だと私は考えています。

また、この３つの視点を持っていれば、極端な話ＰＭＯを辞めたとしても、企業から重宝がられる存在となるでしょう。これら３つの視点が時代や業種、企業を問わずに持ち運びできる最強の「ポータブルスキル」になるはずです。

2 これからはＰＭＯが1プロジェクトに1人必要

ＩＴ人材は2030年に80万人不足する

ニュースや時事ネタなどでよく目にする「ＩＴ人材の不足」。みなさんも耳にしたことがあるかもしれません。ある統計によると、２０３０年にはＩＴ人材が80万人不足するといわれています。

しかし、実はこの人材不足は今に始まったことではありません。

数十年、ＩＴ業界は慢性的に人材が不足しており、それが満たされたことは一度もありません。では、人材不足が続くとこの先どうなっていくのでしょうか。

会社視点で考えてみると、事業そのものがたちいかなくなり会社はつぶれてしまうと考えています。一方、労働者の視点で考えてみると「仕事がなくなり、路頭に迷う人がでてくる」と予想しています。

いったい、それはどうしてなのでしょう。具体的に考えてみましょう。

会社視点で考えた場合、ＩＴ人材が不足してしまうと、他社との競争に勝てなくなってしまいます。

今後生き残りをかけて、企業として新規事業の立ち上げや、既存ビジネスの生産性向上を考えたとしましょう。このとき人的資源がなければ、システム導入で対応していくしか解決策はありません。しかし、そうした取り組みをいくらやりたいと思っても、ＩＴ人材がいなければそもそもシステムを組むことすらできません。

それでも、会社規模が大きくＩＴ人材を雇える企業であれば、生き残っていくでしょう。しかし、そんな企業は一握り。投資資金がなければ当然、システム発注することはできません。新しいこともできないまま、時だけが流れていく。すると事業としての利益率は悪くなりついには倒産してしまう。厳しいですがこうした末路をたどってしまうことでしょう。

一方、労働者目線ではどうでしょう。利益率が良い会社でＩＴ人材として会社の売上や事業に貢献できる、そんな人材であればどこでもやっていけます。

しかし、言われたことだけを行っているような人材であれば、会社の事業も縮小し、やがては自分の居場所さえ失ってしまいます。

ＩＴ人材の不足やリスキリングが話題になっていることから、現在では「プログラミングを学習してスキルアップしましょう」といったスクールや「プログラマーになって副業でいくら稼ぎましょう」といった広告をいたるところで目にします。しかし、正直なところ、プログラムが書けても実際の現場では使い物になりません。プログラミングのスキルを使って目的をどうやって達成するのか。実際の現場ではそれが求められているからです。ＩＴ人材不足だからといって、プログラミングだけができる人材を増やしても意味がないのです。

厳しいことを並べましたが、逆に言えば今こそＰＭＯになるためのスキルを身に付ければ、今後どこでも通用する真のＩＴ人材になれると私は強く思います。

プログラムが書けるエンジニアたちにどんなお願いをすればプロジェクトがうまくいくのか、あるいはエンジニアたちに何をして欲しいかを正しく伝えられるのがＰＭＯの役割です。

少し大げさですが会社が伸びていくかダメになるか、それを担っているのがＰＭＯだとすら私は思っているのです。

社長から「DXをやれ」と言われても社員はわからない

２０１９年のいわゆるＤＸ元年をきっかけに、多くの企業でＤＸの取り組みが進みました。しかし、そのじつ「社長自身がＤＸをわかっていないのに、社員にやれと言われても……」という嘆きにも似た声もあちこちで聞かれるようになりました。

たしかに、会社の社長がＤＸを理解していないのにそれを進めるなんておかしい、という声もあるでしょう。しかし、それを言っても仕方ありません。会社がＤＸを進めていくと決めたのならば、社員はそれに従い、ＤＸを具現化していく必要があります。

このとき、もし社員の中に経営視点、業務視点、システム視点を持っている方がいれば、ＤＸという新たなミッションが与えられたとしても仮のストーリーでも描いて進めていくことができるでしょう。

しかし、（これは私の仮説なのですが）事業会社の中で勤務してきた社員はおそらくこの３つの視点は持ち合わせないと考えています。というのも、社員として企業の中で一生懸命働けば働くほど、社内の問題点や課題を発見することができず「別に今のままで事業がまわっているんだからDXなんていらなくない？」と思ってしまうからです。

しかし、私たちのような外部のPMOは違います。社外の人間である分、「最近のトレンドはこうですよ」とか「DXの本当の意味はこうですよ」ということをひとつひとつ客観的に説明していくことができます。

その結果、「それならうちでもDXは必要だわ」と改めて気づかせることができるのです。

もちろん、DXは提案して終わりではありません。

社内に落とし込んで初めてその真価が発揮されます。

例えば「経理業務を紙ベースで行うのではなく電子化しましょう」というDXを行った結果、「それまで経理業務を担当していた5名の社員の仕事がなくなり、業務は楽になりました」がゴールではありません。

本当に大事なのは、「この空いた5人を使って何をしますか？」ということを共に考えること、これこそが本当の意味でのDXです。もちろん、それに正解はありません。

過去私が携わった会社では、「これらもコストだから解雇します」という判断を下したところもありました。あるいは、「経理部にそのまま5人を残します。しかし、行う仕事は仕訳伝票を作ったりシステムに入力したりするものではありません。決算書や売上のデータを見て、将来的に会社が何をすればいいのか、どこをコストカットすればいいのか、どこを伸ばせばいいのかという分析をしてもらいます」という判断を下した経営者もいました。

別の会社では、「経理部から営業部、生産部、品質管理部、経営企画部に異動させます。経理の視点を持って経理システムの普及活動に努めてください」という配置転換をした例もみてきました。

これらをプロジェクトスタートの前に考えておくこと。そして、「DXを行うとあなたが今行っている仕事はなくなります。だけど仕事がなくなった暁には、あなたにはこういう仕事をしてもらいます」と当事者に伝えること。これがとても重要です。するとメンバーは安心感を持ってプロジェクトに参加してくれることになるのです。

DXを進めていく中には「自分の仕事がなくなるのではないか」という不安感から、反発を受けて思うように取り組みが進まない、あるいはDX自体頓挫してしまった」という例も聞きます。

しかし、PMOがきちんとプロジェクトで何をすべきなのか社員に示し、事前説明を行えばスムーズに進行します。そういう意味でもＰＭＯの役割は大きいのです。

マネジメント機能不全のプロジェクトは100%失敗する

みなさんがこれまで携わってきたプロジェクトの中で、失敗してしまったものはあるでしょうか。

少しそれを思い返してみてください。

「失敗の原因は、マネジメントが機能していなかったこと」に行き着きませんか？

マネジメントが機能不全を起こしたプロジェクトは100%失敗すると言っても過言ではありません。ここでいうマネジメントとは、「プロジェクトの進め方」と「やりたいことをどのように実現していくか」という2種類のマネジメントが存在します。

それぞれどういうことなのか、詳しく説明します。

1つ目の「進め方」について。

そもそもプロジェクトはスケジュール通りに進めていくものですが、必ずしも予定通りに物事が進むわけではありません。

例えば、「3月の頭にシステムテストが開始する予定だけど、トラブルがあってシステム自体ができあがってないからシステムテストがが開始できない」ということもあるでしょう。システム自体が完成していて、テストを実施したくても、動かすサーバーやハードがなかったらそもそも着手すらできません。つまり、「これができたら次は何を行うか」という順序は、マネジメントをする人間が先導役となってメンバーに示していかなければならないのです。

そして2つ目の「やりたいことをどのように実現していくか」という点について。

たいてい、SEやプログラマーは、お客様から「こういったものはできますか?」という問いに対してほぼ必ず「できます」「できないことはないです」と答えます。もちろんそれは正解なのですが、これは「お客様がやりたいことを詳しく説明してくれたらできます」という意味合いを含んでいます。

さらには「お客様から指示されたものをそのまま作ります」という意味合いをも含んでいます。これでは、お客様の課題を解決したシステムにはなりません。

お客様がやりたいことに対して、「本当にこの作業が必要なのか?」という疑問や、その結果「この機能はいらない」というような取捨選択をしていくこと、さらにはタスクの優先度や重要度を勘案したうえで進める。これが正しいプロジェクトの進め方です。

このようなプロジェクト進行になっていれば、トラブルが起こったとしても問題を最小限に食い止めることができます。

スケジュールに支障なく進められる「進行力」と、お客様の実現したい状態をイメージして、何が必要で何がいらないのか、という「取捨選択力」この2つがあって初めてマネジメントは機能します。

PMOがしっかりプロジェクトの交通整理をして、お客様を含めたメンバー全員を目指す目的地までつれていくこと。それがPMOの意義であり役目なのです。

システムをつくるのではなく、使う部分に時間をかける時代

規模の大きなシステムになればなるほど、開発期間は半年から1年、あるいは数年に及ぶこともあります。そういった経験からでしょうか、どんなシステムであっても開発部分に多くの時間をかけて、「システムが１００点満点にならないとサービスをスタートさせない」という発想を持つエンジニアが多くいます。失敗を恐れるがあまり、「つくる」作業に入れ込み過ぎてしまうのです。（金融や医療などのミスが許されないシステムの場合は「つくる」作業に重点を置くのは当然の話ですので対象外とします。）

しかしそこに時間をかける時代はとうに終わった、と私は考えています。

今はつくることにこだわるよりも、サービスをスタートさせて使うことに重きを置く。そうして、見つかった不具合を直していく、あるいは実際にお客様に使ってもらって「やっぱりこの機能はあんまり使わないからいらない」「ここが使いづらい」といったフィードバックを反映させていく、スピード感を重要視する時代に変わっています。

事実、システムの現場でも「サービスをつくり上げていくのはお客様側」という発想が強くなってきており、試作段階のシステムでまず動かしてみて、そこから改善点を洗い出す方向にシフトしてきているのです。

ECサイトを作る場合で考えてみても、それは当てはまります。

サイトをつくり上げていく際、利用するお客様全員にヒアリングしたうえでシステムを組むことはできません。であれば、ある程度の機能を備えてリリースした後、改めてエンドユーザーからの声や、フィードバックをもらいながらシステムを作っていく方が、結果的に効率的です。

今は、ノーコードでサイトを作れるサービスなどがあり従来では数ヶ月程度かかっていた作業が数日で完成するなど、効率的な作業環境が整ってきました。そういう背景と、発想の変化から、私たちエンジニアも、より「サービスをまず出すこと」に注力し、使いながら修正していくことにもっとフォーカスしなければなりません。

いまECサイトを例に挙げましたがこれは、社内で使うようなシステム構築でも同じです。

経理部や営業部の人間が社内システムを使うときに、どのようにそれを使って業務を回していくかは、ヒアリングを行って業務フローで可視化したとしても使ってみないとわからない部分はたくさんあります。システム側の人間が予測を立てても、課題は改善しないでしょう。「システムをどう作るか」よりも、「業務をどんなふうに回していこうか、そのためにはどんなシステムがあればいいか」に時間をかけること。システム側とそれを使う人たちが一緒になって、システムをよりよくしていくことがプロジェクトの成功に近づくのでしょう。

なぜPMだけではなくPMOが必要なのか?

前章で、PMOがなぜ生まれたのか、その理由を「1つのプロジェクトで関係会社や関係者が複雑になりすぎた結果、マネジメントを専門にする人間が必要になってきたから」と説明しました。ではなぜPMだけではなく、PMOが必要なのか。その理由をもう少し説明します。

例えば、「社内の基幹システムを刷新する」プロジェクトで考えてみましょう。営業部では契約書や見積もり書のデータ情報があり、生産部は棚卸の在庫状況や品質管理に関するデータなどを有しています。これらの情報はすべて経理部と共有している、と仮定しましょう。

これらの部署に所属する人たちが関わるシステムをつくる場合、PMが行うべきことは、「各部門でどのように業務をやり取りすれば効率良くシステム稼働ができるか」という「全体進行」を考えることにあります。

しかし、全体のことを考えただけでは、プロジェクトはうまくいきません。それらの関係各所と業務負担を調整し、お願いしているタスクがどこまで進んでいるのか、という進捗を把握する「管理業務」が発生します。もし、PMしかいない場合、当然PMは全体進行と管理業務の両方を同時に行わなくてはなりません。

この場合どんなことが起こると思いますか？

基本的にプロジェクトが始まれば、止まることはありません。日々タスクは進行します。するとと、日々の業務対応だけで頭がいっぱいになってしまい、本来ＰＭとして考えるべきところにリソースを割けなくなってしまうのです。

では、管理の部分をＰＭＯにお願いすると、どうなるでしょうか。

ＰＭは全体進行における最適解や、問題が起こった時の対処法を考えるなど常に本来業務に集中できるのです。

こう考えてみると、ＰＭとＰＭＯの役割は明確に違うことがわかります。また、役割分担をしたほうがスムーズにプロジェクトが進むといって差し支えありません。


しかしながら、未だにプロジェクトにおいてＰＭＯを置かずにＰＭだけで回している企業の方が多いのが現状です。この理由のひとつが、ＰＭＯを実践的に学ぶ場面がないことにあります。ＰＭＯになるための資格試験は存在していますが、企業の中で積極的に使ってきていないので依頼する文化がない。結果的に、管理業務を行う人がいないためＰＭＯとしての業務が広がらないのでしょう。

もう1つの理由が、そもそもSEの次のキャリアとしてPMOを育てる企業が少ないことにあります。

管理業務を体系的に学ぶ場面が開発会社にも、事業会社にもありません。そうなると「PMOとしての知識は本で学んで知っているけど、発揮できる場所がない」ということになります。

そうはいっても昨今では転職市場にPMOの求人が出るなど、PMOを取り巻く環境も随分変わってきました。また、企業の中には「PMOの重要性を知っているが、社内ではその人材がいない」という理由で当社にご依頼いただくこともあります。

今後もPMOの需要は増えていくと私は予測しています。

日本の中小企業の98％はＰＭＯを知らない

２０１８年における日本のＩＴプロジェクトの成功率は52・８％でした。
この数字を見てみなさんはどう思いますか？
経営課題の解決に直結するＩＴプロジェクトの約半数が失敗に終わっているというのはゆゆしき事態だと思うかもしれません。ですが、２００３年のＩＴプロジェクトの成功率は26・７％、２００８年は31・１％でした。（出典は日経クロステックです）
当時と比べると、これでもだいぶ改善はされているのです。

プロジェクト成功率が上がってきた背景には、まさにＰＭＯの導入があります。これまで、プロジェクトを成功に導くためには、実績や経験があるＰＭに任せるしかありませんでした。ですが、複数の企業間で優秀なＰＭを取り合う状況となり、人材の供給が追いつかなかったのです。

そんなとき、PMOが台頭してきました。

PMOを設置した企業は、PMに対する「絶大な後方支援」を獲得し、プロジェクトの成功率をぐんぐん押し上げたのです。

現在、大手企業や政府系のプロジェクトではさかんにPMOの導入が叫ばれています。一方で、中小企業において、PMOを導入しようという動きはあまりありません。それどころか、「PMOなんて知らない」という中小企業の経営者も多くおられます。

中小企業は会社組織自体の規模が小さいことから「大がかりなITプロジェクト」も立ち上がらずPMOを必要としてこなかったのかもしれません。

現在、PMOは大きく分けて4種類あります。

プロジェクト内PMO、部門PMO、全社PMO、第三者評価PMOの4つです。

「プロジェクト内PMO」は、ある事業部内における1つのみのプロジェクトを管轄します。

中小企業において、このような小規模のITプロジェクトは存在したかもしれません。

たとえば、顧客管理システムや、在庫管理システムの構築です。ですが、その他3つのPMOはいずれも複数部門・複数組織間であったり、全社、あるいは経営者直下であったりと、管理の範囲が大きいものになります。

中小企業において、それらのPMOが活躍する場面はあまりなかったのでしょう。しかし、これからは、中小企業もDXをやらなければ、生き残れない時代です。

社内の業務効率化だけでなく、積極的に他社と協業し、それをITで管理し、デジタルマーケティング戦略をとることが必須となります。

「中小企業だからPMOは必要ない」と考えてはいけません。

「PMOが必要になるようなプロジェクトは何か?」というPMOありきの「PMO逆算型」の経営戦略をとることで企業の未来が開けていくのです。

〈出典〉
日経ビジネス「プロジェクト失敗の理由、15年前から変わらず」2018年:
https://buSIness.nikkei.com/atcl/opinion/15/100753/030700005/

エンジニアの「ブラック労働」はPMOによって解消される

みなさんの中にも「エンジニアは体がボロボロになるブラック労働だ」と思っている方が一定数いるかもしれません。

「帰るのはいつも終電」「家には寝るために帰るだけ。またすぐに始発で出勤して仕事しなければならない」「休日、土日出勤は当たり前」「休みの日でも、電話がいつ鳴るか怯えながら過ごしている」「サービス残業で給与が正当に支払われない」…挙げればきりがないくらいですが、これらの過重労働はＰＭＯがいることで、解消される可能性があります。

それはなぜなのか。ＰＭＯが業務分担を行い無駄な作業を事前に減らしてくれるからです。

エンジニアが疲弊してしまう原因のひとつが、「やるべきこととやらなくてもいいことが混在しており、すべてやる一択になってしまっている」ことにあります。

例えばあるプロジェクトで複数のタスクがある場合、ＰＭＯはまず、「やるべきこと」と「やらなくてもいいこと」に分けます。

その中でさらに「今、やるべきこと」「あと回しでいいこと」、「今はやらなくてもいいこと」「本当にやらなくてもいいこと」に整理します。

あとは、分けたタスクに順番をつけて組み立てていきます。エンジニアは1から順番に作業をこなしていけばいいだけ。

これだけでも「朝から晩までタスクに追われ続ける」ということを回避できます。

では、具体的な例で考えてみましょう。

例えば報告書をつくるために、「自分が完了したタスクを集計する時間」が必要で毎日その作成業務に1時間かかっていることがわかりました。

これは、「やらなくてもいい」作業ですが、といっても報告がなければ状況が他のチームメンバーに伝わらないため、完全に報告業務をなくすことはできません。そこで、ＰＭＯは自動的にほぼリアルタイムに現状がわかるような仕組みを作ります。

あとは「この画面を見ればタスクが終わっているか終わっていないかがすぐにわかります。よって、報告書を作る必要はありません。ただ、作業が終わったらこのステータスを変えてください」と各スタッフに伝えればいいだけ。そうすれば、集計業務も報告も必要なくなり、進捗が知りたければ、その画面を見に行けばいいだけになります。

これができれば、報告だけをする会議の必要性もなくなり、その分作業にあてることができます。そうすることで、労働時間が確保され、残業や休日出勤しなくても十分業務が回るようになります。

エンジニアの場合、とくにお客様から「こうしてください」と言われたことにすべて「はい」で答えてしまったり、「今やらなきゃいけないんだ」と思い込み、全力で「やります」と答えてしまったり、本来すべき業務に取り組めなくなってしまうきらいがあります。

しかし、お客様とエンジニアの間にPMOが入ることで、「それ今言いましたけど、別に今やらなくてもいいですよね？」といった調整や「確かにこの作業は大事ですが、1ヶ月後にやってもあんまり変わらないので、こちらを先にやった方がいいですよね」という発言がしやすくなり、結果エンジニアの業務がはかどりやすくなるのです。

お客様側からしてもエンジニアに直接言われるよりPMOという第三者から言われた方が納得感も得やすいでしょう。細かいことですがこういったことの積み重ねにより、エンジニアはブラック労働から解放されていくのです。

中小企業はPMO導入で下請けから脱却できる

私は、中小企業のプロジェクトにもPMOとして参画することがありますが、その中で「親会社や大口の取引先からの下請けメインで業務を行っています」という会社を多く見かけます。

もちろん、長年取引してきた信頼があり専業になってしまう、という背景はあるのでしょう。

しかし、今の時代、それだけに頼っているのは大きなリスクと言わざるを得ません。万一親会社や取引先の倒産や取引停止が起こってしまうと、今まで請け負っていた仕事の大半が立ち行かなくなるからです。

実際そういった中小企業の経営層に話を聞いてみると「下請けから脱却しなくてはいけない」と問題意識を持っている会社がほとんどです。

しかし、そこから簡単に脱却できないことが中小企業の大きな悩みなのです。私は、「そんなときこそPMOを使ってほしい」とお話ししています。

いったい、これはどういうことなのでしょうか。

下請けから脱却するには自社で新規開拓をするなど、さまざまなチャレンジが求められます。これらの新しい取り組みは全てプロジェクト単位で動いていきます。

例えば「新しい取り組みを半年間だけやってみよう」とか「今期1年はこういう取り組みをやって結果を見よう。それでうまくいったら育てていこう」といったことになるのですが、ここで必要になってくるのがプロジェクトマネジメントです。

すなわち、「ゴールをどこに設定するか」「どのように進めていくか」といったことを誰かがリードしながら段階的に計画を実現していくことが求められます。

しかし、中小企業にはこのプロジェクトマネジメントをできる人材はほとんどいません。人材が足りていない、ということもありますがそれよりも「そういったプロジェクトを進めたことがない、だからどうやって進めればいいかわからない」というのが本音でしょう。そんな時こそ管理のプロであるＰＭＯの出番なのです。

そういうと「外部ではなく、社内にプロジェクトマネジメントできる人をつくって進めていけばいいのでは?」という方もいますが、私はおすすめしません。

というのも、社内で新規事業などを立ててプロジェクトを進めていこうとすると、どうしても思い入れが強い部分や、自分の得意なタスクに集中してしまい、プロジェクトの本質から遠ざかってしまうからです。

まして、新規事業のチームをつくってそのことばかりに関わっていると、こだわりが強くなり「自分たちが頑張ったんだから、いいに違いない」というバイアスがかかってしまう場合もあります。

多くの企業で社内の人材による新規事業開発がうまくいかないのも、こうしたことが原因のひとつにあります。

社員は「下請けから脱却するために新規の取引先をどうやって開拓していけばいいか」とか、「自社製品はこういうところに実はニーズがあるのではないか」といった、自社製品をよくわかった人間でしかできないことに労力を使わなくてはなりません。そのプロジェクトを成功させるためには管理のプロフェッショナルに任せればいいのです。

実際、私も中小企業の「自社サービス開発プロジェクト」にジョインし、役割分担でプロジェクトを進めた結果、成功をおさめその後下請けから徐々に脱却できた企業をいくつも知っています。

ＰＭＯはまさにプロジェクトを成功に導く成功請負人のひとり。上手に私たちを利用して、事業も企業規模も拡大していってほしいと願っているのです。

3

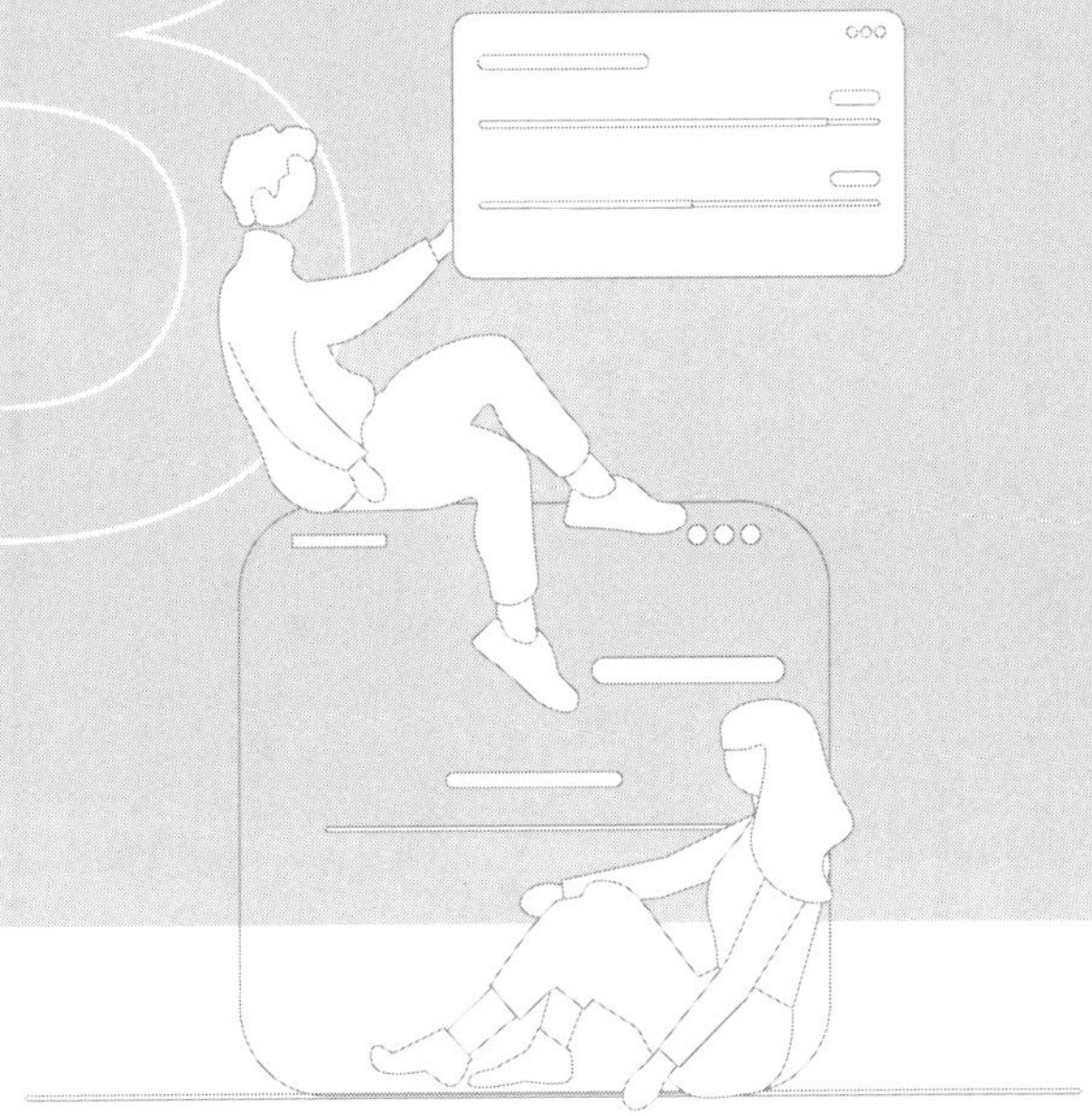

SEとPMOの仕事は何が違うか？

SEはプレイヤー、PMOはマネジャー、PMは監督

「お客様は神様です」。この言葉は、演歌歌手の三波春夫さんが、歌う時に「神前で祈るときのように、雑念を払い、真っさらな心にならなければ完璧な芸を披露することはできない」と語ったことが由来とされています。

現在、「お客様は神様です」は「商売の心得」としてたびたび耳にする機会がありますが、これがシステム開発の現場だとどうなると思いますか？

じつは、「お客様は神様だ」と思って進めたことが「まったくの見当違いだった」ということが現場で起こっているのです。

これは、特に、SEで構成される「担当領域をこなす人の集団」でマネジメントが機能していない時に起こりがちです。プロジェクトは必ずチームで行われるもの。そこでこのチームを仮に「野球チーム」として例えてみると、SEはプレーヤーです。

もし、チームを形成していくうえで、プレーヤーしかいなかったら、「どんなチームにしたいのか」「チームを強くするためにどんな戦略をとればいいか」といった全体像がわからずに、

おのおのが独断でひたすら担当領域の腕を磨くことになります。

その結果、おそらくそのチームは試合にも勝てない弱小チームとなってしまうでしょう。スポンサー（顧客）からも厳しい追及はまぬがれないはずです。

では、完成イメージから逆算し「こんなチームにしたいから、こんな練習をしてほしい」と指示を出す「マネジメント機能」があればどうでしょう。まったく話は違ってくると思いませんか？

ＰＭＯとはまさに、この「マネジメント」に対してサポートをする役割を担っているのです。

ＰＭＯは、プレーヤーや監督、ときには顧客などのすべての意向を汲み取り、ゴールに向けての目線合わせをして、スムーズにタスクを前に進める手助けをする担当マネジャーのような存在です。相手の意向を汲み取る「傾聴力」だけでなく、各セクションのタスク及び業務システムの理解力も必要です。

また、それぞれの立場に立ったわかりやすい言葉を使う表現力、意思決定サポート力など、その他さまざまな能力が求められます。

システム開発においては、ＰＭＯがいないと、こんな回り道をすることになります。

・顧客の課題解決にならないものができてしまう
・無駄な作業をしてしまう
・完成までに無駄な費用がかかる
・完成してからもお金がかかってしまう（使う人が使いにくく、さらにサポートや改修が必要）
・予定外の計画調整や仕様変更で納期が遅れ、クレームになる

そのため、本当に顧客に寄り添った対応をするには、ＰＭＯの存在が必要不可欠なのです。

ＰＭＯとは、顧客という神様のみならず、ステークホルダー全員への「神対応」を武器に勝負できる職業なのです。

ＰＭＯに求められる役割と４つのタイプ

さて、ＰＭＯの業務をあれこれご紹介してまいりましたが、実はＰＭＯと一口に言っても、担当する領域は１つのプロジェクトだけではありません。ＰＭＯは大きく分けてつぎの４つの種類があります。

・プロジェクト内ＰＭＯ
・部門ＰＭＯ
・コーポレートＰＭＯ
・第三者評価ＰＭＯ

ではそれぞれがどんな業務を行うのか、ご紹介します。

■プロジェクト内ＰＭＯ

ＳＥであれば一番イメージしやすいのが、このプロジェクトＰＭＯです。部署内の１つのプロジェクトにおいて管理を行います。具体的には、メンバーの作業状況把握のための情報収集、進捗報告書作成、さらにはスケジュール、品質、リスク、コスト、ステークホルダー対応などのプロジェクトマネジメント支援が主な業務となります。

■部門PMO

部長直下に組織され、横断的に複数のプロジェクトをコントロールする役割です。

部門PMOが設置されるのは主に、事業部制組織の形をとっている場合です。事業部制組織は、事業部内で成果を求められるため、売上、原価、サービス提供、品質などを部門内でコントロールします。部門内で複数のプロジェクトが進行している場合にはこれらを横断的に把握してコントロールする必要があります。

例えば、大手の販売店で「新商品を発売する」プロジェク

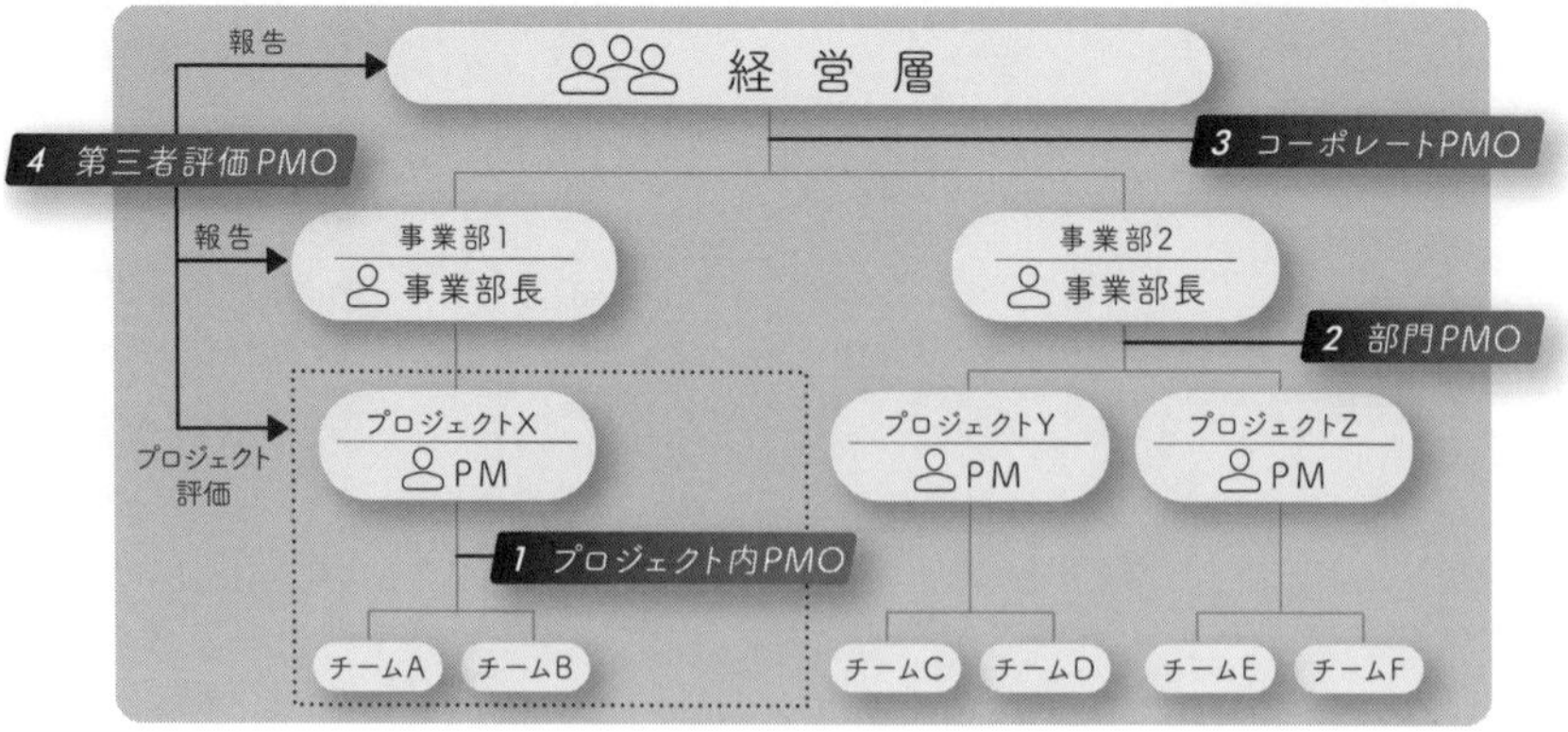

トがあったとしましょう。そのとき、「全国にある店舗を改装し、販売していく」プロジェクトと「新商品の開発」という2つのプロジェクトがある場合、両者を横断的に把握し進めていくのが部門ＰＭＯの役割です。

部門ＰＭＯの難しさは、1プロジェクトだけ成功しても意味がないことにあります。事業部全体としてスケジュール調整をし、関係性を構築して進捗を管理していくなど関係者も業務の幅も広いのが部門ＰＭＯの特徴です。

■コーポレートＰＭＯ

部門ＰＭＯよりも担当する範囲をさらに大きくしたのがこのコーポレートＰＭＯです。ポジションとしては、経営直轄の経営企画部に近い立場でマネジメントを行います。会社の中で行われている関連事業が会社としてどういう位置づけなのかを把握したり、各事業部で行われている複数のプロジェクトの調整をしたり、あるいは事業部間でシナジーを起こすにはどんな施策が必要かを検討実行するなど全社的な立場でマネジメント支援をしていく役割です。「ガバナンス」「標準化」「教育実施」「リスクマネジメント」「予算管理」などを全社的に行うほか経営企画室の役割を持たせる場合もあります。（戦略策定支援、人材育成などの機能を持たせる場合）

つまり、社内で複数のプロジェクトが並行で動いている場合に状況把握をしてコントロールするのがコーポレートＰＭＯの役割です。

■第三者評価ＰＭＯ

経営層や事業部、プロジェクトからは切り離されて完全に第三者的な立場から会社の運営を評価するのが、第三者評価ＰＭＯになります。

例えば会社の文化的に「言ったことを文字に残さない文化」「記録しない文化がある」としましょう。この場合、「今はプロジェクトが稼働しているけれど、将来的に会社としてうまく立ち回らなくなる」ということを指摘するのがこのＰＭＯとしての役割です。

そのほか、社内のプロジェクトをチェックし、「隠蔽体質なプロジェクト推進がありますが、定常化させて良いのですか？」といった指摘を経営層にすることもあります。評価することが役割なので、もちろんプラスの面があれば適正に評価します。例えば、「事業部長と常にリスク共有ができる文化がある」ことがあれば、もちろん評価に値します。

適正なプロジェクト運営ができているのかを評価する立場にあるのが、第三者ＰＭＯです。ちなみにこの場合、ＰＭＯはスポットで入ることが多いです。

４つのＰＭＯをご紹介しましたが、「プロジェクト内ＰＭＯしか知らなかった」という方が多いのではないでしょうか。実はＰＭＯの領域は思っている以上に幅も奥もあるのです。

といっても、４つのＰＭＯが必要とするスキルは共通しています。

1つは「問題解決能力」。そしてもう1つはその問題を解決するためにどんな行動が必要なのか仮説を立てる「仮説思考能力」がとても重要です。

まずはプロジェクト内ＰＭＯからスタートし、経験を積み重ね担当領域を広げていくことを目標にしたいものです。

ＰＭＯの3大管理とは「進捗管理」「品質管理」「課題管理」

ここまでお話ししてきて、「ＰＭとＰＭＯの役割は全く違うことがわかった」と思う読者さんも多いでしょう。「プロジェクト管理」を担当するＰＭＯですが、管理には大きくわけて3つの種類があります。

まず1つ目が「進捗管理」です。進捗管理とは、プロジェクトで立てたさまざまな計画に対して、計画通りに進んでいるか、それとも遅れているか、把握しそれに準じて対応策を考えることをいいます。おそらく、みなさんもご自身のタスクで進捗管理を行っているはずなので、イメージしやすいと思います。

なおＰＭＯが行う進捗管理においては、タスク進捗度をExcelで管理するのではなく、いわゆるタスク管理ツール等を使用して、タスクの受け渡しや期限の報告を半自動化するといった効率化を図ることも含まれます。

２つ目が「品質管理」です。品質管理とは、プロジェクトで求めるサービスの品質の定義を行い、目標とする品質になっているかどうか、評価していくことを指します。バグ管理や不具合管理、さらには万一トラブルが起こってしまった際の予防策やリスク対策も品質管理に含まれます。

ここで注意したいのは、「品質」というのはお客様にとって千差万別だということです。例えばＥＣサイト構築の場合には、「使いやすいＷｅｂサイトである」「クリックしてから何秒以内に画面が表示される」といったものが良い品質と言えるでしょう。一方銀行等の金融機関のシステムの場合はどうでしょうか。資産を扱うという性質から「24時間３６５日、１秒もサイトがストップしない」のが良いシステムといえます。このようにお客様にとって求める品質は異なります。サービス、事業にマッチした品質管理が求められるのです。

３つ目が「課題管理」です。課題管理とは、プロジェクト進行上で生じた課題を把握し、解決に向けてどう対応していくか。その業務を課題管理と呼んでいます。

プロジェクトを進めると、予期しなかったトラブルやエラーが毎日のように発生します。そういった課題をしっかり整理して、「何からすべきか」という優先順位をつけていくことが求められます。

今挙げた3つの管理がＰＭＯ業務のベースとなります。これらは、たとえＰＭＯでなくても、普段から意識づけしていけば、経験として身に付けることができます。ぜひ、ご自身の業務をＰＭＯ視点で見るよう心がけてみてください。

計画書を作成してプロジェクトを終結に導く「統合管理」

さて、ＰＭＯの3大管理のお話をしましたが、ＰＭＯに必要な管理スキルはほかにもあります。そのひとつが、「統合管理」です。

統合管理で大事になるのが「プロジェクト計画書」です。プロジェクト計画書とは、「今回のプロジェクトはこの範囲で、この関係者と進めていきます」「スケジュールはこうなっています」というような「プロジェクトに関わるメンバーが、これを見ればプロジェクトのことがわかる」ドキュメントのことを指します。

このプロジェクト計画書はまさにプロジェクトの成功可否を握るとても重要なものですが、計画書を作らない、あるいは不十分な計画書のままスタートするところも多いようです。

ではプロジェクト計画書がなく、統合管理ができなかったことで、失敗してしまったあるプロジェクト例をご紹介しましょう。

30名ほどの関係者が参加する、社内プロジェクトがありました。プロジェクトに参加する関係者に対して説明会を実施してプロジェクトはスタート。あるＰＭＯは「これで全員がプロジェクト参加してくれるだろう」と期待していたのです。

ある日のこと、営業部のプロジェクトメンバーに「進捗確認でお話しさせてください」と打診したところ、出てきた営業部の態度は明らかに悪いものでした。実際、営業部のメンバーと話してみると「このプロジェクトさ、全然内容がわからないんだよね。上から言われたからやってるけど、自分の仕事にも支障が出てるからやりたくないんだよ」といきなり文句を言われてしまったのです。

PMOと営業部の間には、明らかな温度差がありました。この「認識のずれ」がのちの大きな問題に発展してしまうのです。なおこのプロジェクトは、結局失敗に終わったと聞いています。

では、どうすればこのような事態を防げたのでしょうか?

それが「統合管理」の考え方です。このプロジェクトの目的・達成後の未来・関係者・やるべき業務などがひとつにまとまったプロジェクト計画書を作成し、プロジェクトがスタートする前に、メンバー全員が共有すること。そのうえで質問がある人には個別に対応すること。こういった管理を「統合管理」と呼んでいます。

最初にきちんと説明をしておくと、もしも、当初のプロジェクト路線から変更がある場合も「変更点はこの計画書にすべて書いてありますから、必ずこれを見てください」と周知徹底させることができるのです。

そうすることで、「変更点を聞いてない、伝わってない」ことを防ぎ、ひいては「わからないからやりたくない」というマイナスの感情を持たせない予防の働きもあります。

実はプロジェクト進行の妨げになるのがこういったメンバーの「マイナスの感情から起こる行動」です。多くの場合、プロジェクトはそれぞれの業務外でやるべきタスクが発生し、手間も時間もかかります。「面倒くさいな」と思われてしまうことに対していかにその心的ハードルを下げるか。それは、統合管理やプロジェクト計画書があることによって、随分変わります。やり取りの行き違いを防ぐためにも、統合管理の考え方もしっかりマスターしておきたいものです。

プロジェクト関係者の意思疎通を図る「ステークホルダー管理」

前項でプロジェクトメンバーの心的負担を減らそう、という話をいたしましたが、この「ステークホルダー管理」とはまさに、メンバーのコミュニケーション管理のことを指します。

ステークホルダー管理とは、

・プロジェクトの責任者は誰か

・担当者は誰か

・組織の関係はどうなっているか

これらを自社だけではなく、関連会社すべての情報を明確にしておくことを指します。

なぜこれが大切なのか。

それは、プロジェクトが進んでいく中で生じる提案等に関して決定するのは、ＰＭではなく、お客様の役員や担当者という背景があるからです。当たり前ですが、プロジェクトはその都度、承認を得ながら進めていくものです。その意思疎通を円滑にするためにも、こうしたステークホルダー管理をしておくと「誰に聞けばいいのか」ひいては「誰に承認をもらえばこの提案は受け入れてもらえるのか」という逆算ができるからです。

この相関図がはっきりしていると、例えばＥＣサイトのＷｅｂデザイナーに聞きたいことがある場合やシステムのことで確認したい場合、迷うことなく担当者に連絡ができます。「そんなの当たり前じゃないか」と思うかもしれませんが関係者が１００人、３００人と多くなると「誰に聞けばいいの？」ということも自然と起こりやすくなるものです。

業務をスムーズに進めていくために必要なステークホルダー管理ですが、実はこの相関図をつくる目的はもうひとつあります。

プロジェクトに参加する企業にはそれぞれ、役員や部長、担当者など複数の人間が参画します。その人たちには会社で実績を出したい、昇進したい、楽に仕事をしたい、社内に認められたい、売上を上げたい、という「思惑」を持っています。この思惑をどう実現させていくか、そこまで考えを至らせるためにこのステークホルダー管理は重要な意味を持ちます。

例えば、過去の昇格争いでＡ部長とＢ部長は仲が悪い、ということがあったとしましょう。仲が悪くなった原因は「取引先をとられた」という背景があり、今回のプロジェクトにはその取引先が大きく関係していて、全社的なプロジェクトであるためＡ部長もＢ部長も両方の協力が不可欠です。

この場合、Ａ部長にはプロジェクトに参加することでどのポイントにメリットがあるのか？

一方B部長にはプロジェクトに参加することでどのポイントにメリットがあるのか？ということを考えたうえで、業務をお願いすることが重要なのです。「昇格チャンスが高まる」ということになれば、両者とも喜んで参加する、ということになるでしょう。

あるいは、「もう自分は退職だからプロジェクトには参加しても失敗しない程度にうまくやれれば良い」という担当者がいるとしましょう。しかし、進行上この人が重要な決済者の場合、「この人にどんなメリットを与えたらプロジェクトが滞りなく進むだろう」と考えることにもつながります。

ステークホルダー管理とは、「この人にどんなストーリーをぶつければよりやる気を持ってもらえるか」「プロジェクトへの参加意欲に響くのか」につながる重要な部分です。社内のパワーバランスを理解しておく意味でも、ステークホルダー管理は欠かせないもの。プロジェクトの有利性をわかってもらう意味でもステークホルダー管理は徹底したいものです。

プロジェクトの欠点を洗い出し、対策を練る「リスク管理」

ＰＭＯが行うべき重要な管理に、リスク管理が挙げられます。ちなみに、先ほど述べた3大管理のうちのひとつ、品質管理は、このリスク管理という中の一部を占めています。リスク管理、というのは品質管理で述べたようなバグ管理や不具合管理の予防策にとどまりません。

例えば、

・プロジェクトマネジャーが未知のウイルスに感染して、プロジェクトがストップしてしまうリスク
・プロジェクト予算で資金調達がある前提で進んでいたが、資金調達ができなかった場合のリスク
・ある制度開始日が後ろにずれ込んだことで起こる、スケジュール調整のリスク
・ある法案が通る前提で進めていたが、法案が通らなくてストップしてしまうリスク

などが挙げられます。

リスク管理とは、こうした「起きる可能性があること」をあらかじめ洗い出し、どのようなアクションを起こすかを考えておくことを指します。そう考えだすとリスクは広範に及びます。よく質問で「リスク管理で、すべてのリスクを洗い出すにはどうすればいいですか？」と聞かれるのですが、そもそもすべてのリスクを洗い出すことは絶対できません。

それよりも、「リスクに備えて対策を練って準備しておく」というサイクルを作っておくことの方が重要です。と同時に、実際にリスクが起こった際、どんな行動をとればいいのかイメージしておくことも大切でしょう。

リスクは起こってから対応するのでは後手後手になってしまいます。そういう意味でリスクの種を見つけられるよう、同業他社のトラブル事例を把握しておくことや、業界トレンドを日々ウォッチしておくなど社内外の動向にも目を向けておくといいと思います。

グローバルＰＭＯは「言語・時差・文化・組織」を総合調整

ＰＭＯとして活躍する方の中には、グローバルに活動されている方もいます。

実際私がグローバルプロジェクトに直接関わったことはありませんが、弊社には英語スキルを持つグローバルプロジェクト経験者も所属しており、グローバルプロジェクトへの参画実績はあります。

ここではグローバルＰＭＯがいったいどんなプロジェクトを行い、どんなスキルを求められるのか、言語・時差・文化・組織の４種類に分けてお話ししてみたいと思います。

まず言語に関してです。

グローバルＰＭＯの場合は、ビジネスレベルの英会話能力が必須です。例えば、本社がイギリスにあって支社が日本にある企業で「システム導入のプロジェクトがある」場合で考えてみましょう。

この場合、システム開発を担当する業者や方針決めをするのはすべて本社です。そのため、本社に出向きプロジェクトの概要から行うべきタスクをヒアリングする必要があります。

そのとき、「システムの開発はインドの会社を使います」となった場合、今度はインドの担当者と英語でやり取りしなくてはいけません。イギリス英語とは違ったイントネーションで会話をする、なんてこともあるでしょう。

ビジネスレベルの英会話とは、決まっている内容を読み上げたり、伝えたりする力ではなく、必要なことを理解し、交渉することを英語で行える能力のことをいいます。

次に時差の問題です。海外とミーティングを行う場合、時差の関係から早朝か夕方、ときには夜中にミーティングをする場合もあります。この点も国内のPMOとは大きく違う部分でしょう。しかし、時差がある中でのミーティングは業務のペースを崩すなどの原因にもなります。そこでPMOは「そもそも会議の必要があるか、ないか」も含めて検討します。

例えば、そもそもタスクを依頼する際になんとなく伝えるのではなく、具体的に「これは、この仕様でお願いします」「このパラメータはいくつからいくつの範囲でお願いします」といった指示をすればミーティングで確認すべき事項もグッと減らすことができます。

また、業務レポートを送ってほしい場合も「本日中にください」と伝えるのではなく、「時差があるので、〇〇の国のタイムゾーンで、何日の何時までにレポートをお願いします。時刻はこの変換ツールを使って、それを通して送ってください」という風に時間も細かく設定すれば行き違いなく、スムーズにやりとりができます。

次に文化についてです。

グローバルＰＭＯでは、価値観や宗教観、言語といった自分とはまったく異なる人たちとコミュニケーションをとっていく必要があります。プロジェクト期間は数ヶ月という単位で区切られるため、関係者と長い時間をかけて理解を深めることは難しいです。じっくりと相手と話して理解を深めることは重要なことですが、相手を理解することばかりに時間をかけていてはプロジェクトが進みません。

価値観や宗教観に違いがあることを理解した上で、文化形成を行うためにコミュニケーション管理が重要です。

例えば、「今回のプロジェクトではこのチャットツールを使って基本的にやり取りします」「やり取りするときには、敬称略なしですべて○○さんで統一します」「テキストではあいまいな表現ではなく、ストレートに要望を伝えます」といったことが挙げられます。細かいように思われるかもしれませんが、普段の使用言語と異なる場合は、とくに注意して取り決めを行うことが重要です。それが、そのプロジェクトならではの文化を形成する一助にもなります。

そして最後に組織についてです。

言語・時差・文化について定義したうえで、それらがきちんと組織の中に浸透しているかどうか。もし、それでうまくいっていない部分があれば、組織の中できちんと判断して、ときに調整していく。そういった「組織をまとめていく力」がグローバルＰＭＯには求められることでしょう。

こうやってみると、ＰＭＯもグローバルＰＭＯもやるべきことの根幹に違いはないことがわかります。しかし、人種や置かれた環境が国内と比べるとはるかに違うため、こういった細かな取り決めをより丁寧に実行することが求められるでしょう。

そうやって積み上げていけば、どんな国のどんなプロジェクトであっても成功に導くことができるはずです。

ＰＭＢＯＫの10大管理と5つのプロセスを学ぶことがＰＭＯの第1歩

３章では、ＰＭＯの仕事範囲とその役割について話してまいりました。

「ＰＭＯの活動領域って意外と広いんだな」と思った方もいたのではないでしょうか。それと同時に、「私はＰＭＯとしての経験を全然積んできていないから、ＰＭＯになるのは難しそう」「今の現場にいても、ＰＭＯとしてのキャリアは積めない」と思われる方もいたかもしれません。

しかし、そう悲観することはありません。現場で経験できないのなら、「ＰＭＢＯＫ」の資格取得をおすすめします。ＰＭＢＯＫとは、プロジェクトマネジメントを体系的に学べるもので、世界標準の知識が習得できます。セミナーや書籍などＰＭＢＯＫを学べる機会はいくらでもあります。

ここで得た知識はやがてＰＭＯの業務を現場で使おうとしたとき、基礎知識として必ず役立つことでしょう。次の４章では、経験がない方がＰＭＯになるためにはどうすべきかより具体的にお話ししていきたいと思います。

4 稼ぐPMOになる7つのステップ

STEP1　ITに関わる人たちの領域を知る
～PMOになれる「ITエンジニアの15職域」～

私はよく「どんなITエンジニアでもPMOになれますか？」と聞かれることがありますが、そのたびに「はい、どんなITエンジニアでもPMOを目指すことは可能です」と答えています。

それには明確な理由があります。これからお話しする15職種のエンジニアの人たちは、基本的にひとりで仕事をすることはありません。チーム体制で「お客様と一緒になってサービスをつくり上げる」のがITエンジニアの働き方だからです。

ITエンジニアはシステム視点、関わっている業界の業務視点、お客様視点をすでに持ち合わせているため、PMOになりやすい職種、と言ってもいいでしょう。ひとつひとつの視点の精度を上げていくことが、PMOへの近道と言ってもいいかもしれません。

ここでは、PMOになれる15職種を簡単にご紹介したいと思います。

■システムエンジニア

ソフトウェアエンジニア

要件定義をつくり、それに沿ってソフトウェア開発をするための設計書を作成していくエンジニアです。実現したいシステムを設計してプログラムに落とし込む部分を担います。プログラムコードを書き、テストすることもできますが、大規模なプロジェクトの場合、ソフトウェアエンジニアはプログラマー、テスターのレビューを実施することが多いです。

アプリケーションエンジニア

主にスマートフォン内にあるアプリ等を開発するエンジニアです。フロント部分から内部システムまで一貫して開発を行います。最も目にする部分なのでシステムの利用者がイメージしやすい部分を担います。個人でもスマートフォンのアプリを作った経験のある方も含みます。

プログラマー

ソフトウェアエンジニアが設計した設計書に従って、プログラムを書きます。領域や業界等に関係なくプログラムを書く特性を持っています。昨今話題となっているプログラミングスクールで育つのは、このプログラマーです。

テスター

プログラマーが作成したプログラムが正常に動作するかをチェックする役割を担います。

エンジニアになったばかりの方は、「まずはテストから」と言われるように、プログラムコードを書く前にシステムが正しく動くということはどういうことなのかを理解するためにテスト工程を任されることが多くあります。

テスト工程は、設計されたとおりにシステムが動くかどうかを確認するので容易で誰でもできると思われがちですが、テスト専門を行う品質保証の企業が存在しているので、軽視できない重要なポジションです。

エンベデッド（組み込み）エンジニア

コンピュータ制御されている家電等に組み込まれているプログラムを開発するエンジニアです。炊飯器や掃除機といった家電は一度出荷すると、その後不具合が起きると製品そのものが動かなくなります。そのため、絶対不具合を出さないレベルでの高い品質意識が求められます。

■Webエンジニア

フロントエンジニア

一言で言えばWebサイト（ホームページ）やECサイトを作るエンジニアです。前述のアプリケーションエンジニアと同様、利用者が目にする部分の開発を担います。例えば、ECサイトの場合カートに商品が入り購入決済するとWeb上で処理される画面上部分の設計・構築などが挙げられます。ユーザーの使いやすさを追究する仕事でもあります。

バックエンドエンジニア

Webサイトを見て閲覧者がなんらかの入力をしたり、検索をしたり操作をする場面がありますす（リクエストといいます）。その操作の結果、必要なデータをデータベースに保存したり、取得したり、計算したりします。この仕組みを設計して、開発する部分を担います。

ECサイトを例にすると、カートに商品が入り購入するとお客様のクレジットカード情報を外部の承認サイトに飛ばす処理が内部で行われます。このような外からは見えないサイト内部の機能の開発を行います。

■インフラエンジニア

サーバーエンジニア

サーバーの保守や運用に特化しているのがサーバーエンジニアです。ここでいうサーバーはハードウェアとしての機械です。システムを動かすサーバーは、オフィスにあるデスクの隣に存在しているわけではなく、データセンターと呼ばれる場所に置かれ管理されています。システムそのものは止まることなく稼働させることはできますが、機械は必ず壊れます。何かトラブルがあれば、データセンターに行って、原因を突き止め、サーバーそのものを交換して、初期設定を行うのがサーバーエンジニアです。

ネットワークエンジニア

システムを利用・運用する上で、クライアントとサーバーの通信は必要不可欠です。その通信は有線、無線問わず、ネットワークを経由して行われます。

ネットワークエンジニアは、その通信における効率的な設計を行い、ネットワーク環境を整備、構築する役割を担います。アクセスが集中してサーバーがダウンしないようにする、システムの表示レスポンスが低下しないようにする、といった問題を解決するのがネットワークエンジニアの仕事です。

データベースエンジニア

データを大量に保存する、データベース。このデータベースの開発・設計から運用保守まで担うのがデータベースエンジニアです。データは保存するだけでなく、必要なときに素早く抽出できることも求められます。バックアップなどの対応も行い企業の重要なデータを維持管理するのが役目です。

クラウドエンジニア

オンプレミスからクラウド化したことで、需要が高まっているのがクラウドエンジニアです。クラウド上でサーバーの保守・運用・開発を行います。前述のサーバーエンジニアに含まれることもありますが、クラウドエンジニアはハードウェアとしてのサーバーを意識することなく、システム構築に必要な開発環境やサービス提供環境をユーザーや他のエンジニアのリクエストに対して柔軟に対応できるように設計・構築する役割を担います。

■その他のエンジニア

フルスタックエンジニア

システム開発から、インフラ周り、さらにはアプリケーション開発といったＩＴエンジニア全般のスキルを持つのがフルスタックエンジニアと呼ばれています。
ひとりで何でもできるスペシャリストといっていいでしょう。

データサイエンティスト

データエンジニアと呼ばれる、データ収集・整理を行うエンジニアからの情報を分析し、企業の経営に生かしていくのがデータサイエンティストと呼ばれています。統計学の知識はもちろん、大量のデータをRやPythonと言ったプログラミング言語を活用して自身でデータ分析できるスキルが求められます。

品質管理エンジニア

品質管理エンジニアとは、開発されたシステム・アプリ・データベース等の品質が基準に合致しているかをチェックし、品質を担保するエンジニアのことです。システムで発生した不具合を単に改修するだけではなく、不具合発生の傾向分析を行い、原因の深堀りを実施し、品質向上のための改善施策を策定し、実行します。

リリース後のシステムに問題が起こった場合は、問題収束に向けた即時の暫定対応と、根本的な原因追求を行い、再発防止策を検討した上で実行推進することもあります。

フィールドエンジニア（セールスエンジニア）

その製品を使用しているお客様のところへ出向き、製品のサポートを行ったり、不具合等があった場合は詳細な聞き取り確認をするなど、現場でお客様のサポートを行うエンジニアです。単に営業といわれることもありますが、技術を理解した上でお客様と接してお客様が納得できる提案をすることが求められます。

以上簡単に説明しましたが、いずれのエンジニアもＰＭＯへのステップアップは十分可能です。

STEP2　文理両道となる
～文系でもPMOにはなれるのか?～

２０２０年のＩＴ人材白書によると、文系エンジニアの割合は全体の約30％にのぼります。

現在、ＩＴ人材不足の深刻化から、文系・理系問わず採用する企業が増えているのです。

私のところにも、「文系でもＰＭＯになれますか?」という質問がたまに寄せられますが、その答えは、間違いなく「ＹＥＳ」です。

特に、ＳＥより上流のポジションにつくＰＭＯについては、文系出身者の方が向いているかもしれません。

その理由のひとつが文系の人のコミュニケーション力の高さにあるでしょう。一般的に文系の人はコミュニケーション力が高いといわれます。

それは、人同士がコミュニケーションを取る上で必須である「国語、社会、英語」を専門的に学んでいるからです。

つまり、文系出身者は、PMOに必須である、「相手に配慮した表現」が得意なのです。相手の性格、コンディション、職域、ライフステージなどを想像し、言葉を選んでコミュニケーションを取ることやボキャブラリーが豊富で、ポジティブな表現をたくさん知っているため、チームメンバーのエンゲージメントを高めるのも得意といっていいでしょう。

そういう意味で「モチベーションリーダー」になりやすい一面を持っているのです。

さらに、業務改善のプロジェクトに参画することを想定した場合、これまでの業務フローをいったん理解すれば、それをよりよくするために再定義し、わかりやすい言葉でチームに伝えることもできるなど、幅広い活躍が期待できます。

もちろん、理系出身者にもコミュニケーション力の高い人はたくさんいますが、とくにPMOという職種に限って言えば、理系出身者と文系出身者で同程度のITスキル、そしてコミュニケーション力があれば、文系の人でも十分チャンスはあるでしょう。

ですが、文系出身者の弱点は、やはりITスキルです。

文系の人は、学生時代にITを専門的に学んだ理系の人と比較すると、より必死になって知識、経験、スキルを習得する必要があります。基本の高校数学がわかれば、あとはＯＪＴで学んでいけば問題ありませんが、ＰＭＯになってからもシステム構築における学習意欲や好奇心は、常に持ち続けなくてはなりません。

そのときに大切なのは、「効率化のための数学的思考」を先輩から積極的に学ぶ姿勢です。

例えばシステム開発の現場では、「１０００個のタスクがあるが、１日に消化が５個しか進んでいない」といった問題が起きがちです。このとき、数学的思考によって工数を考えなおし、計画を修正する役割がＰＭＯに求められるのです。

「好きこそ物の上手なれ」とは昔から言われることです。

文系出身でありながらこの分野に興味を持ったのであれば、楽しみながら知識、経験、スキルを習得し、「文理両道」の人材となって活躍する道に進んでみてはいかがでしょうか。

STEP3　3年目からリーダーを経験せよ

私はとくに社会人2年目から3年目のＩＴエンジニアと話をするとき「そろそろプロジェクトリーダーを経験した方が良いよ」と声をかけるようにしています。

すると、「え？もうリーダー経験したほうがいいんですか？」と驚かれることがあります。

実は、私もそう思いながらエンジニア3年目でプロジェクトリーダーを経験しました。当時、私は社会人３年目のフリーランスでした。１つのプロジェクト５〜６人のチーム運営を任されました。

自分の仕事だけではなく、メンバーがどうしたらスケジュール通りにタスクを完了できるかを、考える毎日。

しかし、トラブルが起きて思うように進行できない場面がありました。私よりもはるかに優秀なエンジニアがいたにも関わらず、そのプロジェクトは失敗してしまったのです。

私は考えました。

「なぜ、こんな優秀なエンジニアがいっぱいいるのに、プロジェクトが失敗してしまったんだろう…」そう振り返ってみると、現場とお客様との間で話がかみ合ってなかったり、お客様の要望をうまく聞き取れていなかったり、チーム同士や会社間の認識合わせができていなかったりしたことに気づいたのです。と同時にこの経験は私にとって大きな気づきと学びをもたらしてくれました。

「これを解決するにはやはりマネジメントが重要なんだ」と思い私はそこからPMOにキャリアチェンジしていくわけですが、いずれにしても早いうちにこうしたリーダー経験、あるいはチームのマネジメント経験を絶対積んでおくべきだと私は思っています。

ではなぜ、早い段階で経験を積むべきなのでしょうか。

リーダーやマネジメント経験をすると「お客様が何を望んでいるか」が自分ゴトとしてとらえられるようになるからです。

エンジニアとして「作業者」ばかりやっていると、その感覚はいつまでたっても身に付けられません。指示を受けて依頼された内容をこなすことに一生懸命になるあまり、顧客視点や目的思考が育たないのです。

一度でもリーダーやマネジメント経験をやって、その後作業者に戻ると、トラブル時の対応や報告の質も変わってきます。

例えば、納期から5日遅れているタスクに対して、どうやってリカバリーするか。もしリーダー経験があれば、「メンバーの体調が悪いのか、そもそも作業できるスキルがないのか見極めたいから、その部分の説明をしてください」とお願いするようになります。

メンバーから「体調が悪かったからできなかっただけです」という返事が来たら「そうしたら、今ある4つのタスクのうち2件は引き取るからあと2件はお願いします」という風に改善策を考えて提案できるようになるのです。（リーダー経験がない場合は、「なんでできないの？」「この人はスキルがないからダメだな」と自分の基準でメンバーを見てしまう可能性があります）

また、報告に関しても「このマネージャーはこういう報告を求めているから〝今タスクは50％終わっていて、残りの部分は〇日までに終わります〟と答えておこう」といった「管理者目線」で物事を伝えられるようになります。この管理者目線があることで、プロジェクトはよりスムーズに進められることでしょう。

上司から抜擢されてリーダーになる場合が多いと思いますが、なかなかそのチャンスに恵まれない場合は、自ら立候補してでもリーダー職につくようにしましょう。

必ずあなたのキャリアにプラスになるはずです。

STEP4　資格を取得せよ
～早いうちに取得したい「PMP・P2M・PJM－A」～

「ステップアップしたいと思ったときにはプロジェクトリーダーを経験しなさい」と前項で書きましたが、そうはいっても今いる部署ではリーダーを経験できない場合や、もしどうしてもリーダーにつきたい場合は「転職するしかない」という場合もあるでしょう。

「環境を変えることに抵抗がある、だけどキャリアアップのために何かやりたい」「プロジェクトマネジメントについて深く知りたい」そんなときにはまず資格の勉強から始めましょう。

プロジェクトマネジメント資格として有名なのは、ＰＭＰ・Ｐ２Ｍ・ＰＪＭ－Ａの３つが挙げられます。どれか１つ勉強すればよいのですが、中でもＰＭＰを勉強する人が圧倒的に多いと感じています。さらに言えば、この資格取得に関しては大学生のうちから勉強を始め、学生のうちに資格取得しておくのが理想です。

資格は言ってみればＰＭＯの世界に入るための「入場券」みたいなもの。資格を持っていれば、そのポジションにつけるチャンスは広がります。

もちろん、企業としては学生がその資格を持っているだけで実務ができないのは重々承知しています。しかし、「実務経験はないけれど資格は持ってます」ということになれば、「それなら1回任せてみるわ」という話にもつながりやすくなるでしょう。

そうやって1個1個実績を積み重ね、PMOへとステップアップしていけばいいのです。

もちろん、エンジニアの方が資格取得を行えば実務は経験してきているわけですから、さらにPMOへチャレンジしやすくなります。上を目指せる方は「プロジェクトマネージャ試験」や「ITストラテジスト試験」といった国家資格に挑戦してみましょう。

エンジニアの方に資格取得を勧める一番の理由は、資格を持つことで「プロジェクトマネジメントに必要な言語で関係者と話すことができる」からです。

例えばシステム開発するときに、「要件定義をして基本設計の次には詳細設計をします。その後開発してテストをしてください。今言ったところのこのポイントが問題で、こんな風に改善したいと考えています。なのでこんな行動をしてください」といった指示を体系的にきちんと理解することができるのです。これは、プロジェクトマネジメントをする際の基本的な構造の部分です。

「エンジニアであればそのあたりはわかるのでは？」と思われがちですが、実は正しく理解できている人はあまりいません。やはりそういう意味でも、資格取得は一定の意味があるのです。

ちなみに私は、プロジェクトマネジメントの資格は持っていませんが、学生の頃にソフトウェア開発の国家資格を取得しました。

会社を辞めてフリーランスになってからもこの資格を持っておくだけである程度のポジションを任せてもらった経験があります。キャリアアップに悩んでいて資格を持っていない場合、まずは勉強から始めてみてください。それからでも決して遅くはありません。

STEP5　PMOの経験を積む
～「先輩PMOの秘書」をやるのが一番の近道～

稼げるPMOになるために、さまざまな経験をしてほしい、と書いてまいりましたがそのひとつに「部署を飛び越えていきなりPMOになる」場合もあります。

例えば、「自分の部署ではPMOを募集していないけれど、隣の部署のプロジェクトチームで人が足らなくて急遽、その部署のPMOをやることになった」そんな例も実際あるようです。あるいは、「社内公募プロジェクト」などで部署を問わず1つのプロジェクトを行う場合も考えられます。とある事業会社で、「経理部で経理業務の仕事を日々していますが、PMOに興味があったのでやります」といって実際にPMOの経験を積み、それと同時にPMPの資格取得をしてPMOに転身した人も知っています。

そういう意味で、会社という組織だからこそ、さまざまなチャンスがある、ととらえることもできるでしょう。（会社の中では、PMOという名前が使用されていない場合が多いかもしれないので、リーダー補佐、管理者支援、施策リーダー、などと置き換えて社内でのアンテナ

を普段から張っておきましょう）

さて、そういったプロジェクトに入って、ＰＭＯとしてのファーストステップを経験すると、本で勉強しただけでは太刀打ちできないさまざまな問題や壁にぶつかります。そういった際「自分は次にどうすればいいんだろう」という発想ができなくて、悩んでしまうケースもあるようです。

その場合、「先輩ＰＭＯの秘書をやる」ことをおすすめしています。

ここで言う先輩とは学校や同じ会社の先輩、後輩と言う意味ではなく、自分よりもＰＭＯというポジションを長く経験している人を指します。プロジェクトに参画する場合は、たくさんの関係者がいるはずです。会社や所属が違っても学びが得られるのであれば先輩ととらえて成長しましょう。

私の場合は、フリーランスだったため同じチームの上のポジションの先輩にあれこれ教えてもらったものでした。

不測の事態や予期しないトラブルをどのように乗り越えていくのか、その一部始終を側で見せていただくことで「こんなときは本に書いてあった通りでいいんだな」と答え合わせをしたり、あるいはお客様との認識の食い違いから、どうやってお客様とその食い違いを解消していくのかなど、実地で先輩の対応を見ながら勉強させてもらいました。やはり、実際の現場でしかわからないこともたくさんあります。

また、一緒に仕事をしているとときに先輩ＰＭＯから仕事をお願いされる場合もあります。

私の場合、「データ分析したいんで、分析作業だけやってくれ」と先輩に言われ、言われた通りに分析結果をつくったことがありました。分析結果が改善報告書の一部に掲載されることになったのですが、自分の作ったものが次のどのようなアクションにつながるのか。あるいは「この決定が役員報告に行ってこんな風に意思決定がされるのか」など、プロジェクトを通して自分の仕事を体系的に見ることも先輩ＰＭＯから教わりました。そうして次第に仕事を覚えていったのです。

部署をまたいでいきなりＰＭＯを経験していくもよし、先輩ＰＭＯのもとで学ぶもよし。ご自身の適性やタイミングに合わせて上手に選んでみてほしいと思います。

STEP6　独立して実力をつける
〜フリーになると「難易度が高くて高額な案件」が来る〜

　ＰＭＯの種類には、社内ＰＭＯになる方法ともうひとつフリーランスのＰＭＯの2種類があります。

　では、どちらの方が「難易度が高くて高額な案件を取得できるのか」というと、私はフリーランスＰＭＯに軍配が上がると考えています。

　社内ＰＭＯの場合、良くも悪くも「どこまでいっても会社への依頼」で止まってしまいます。すなわち会社が世間からどう評価されているかによって仕事が来る・来ないが決まってしまうのです。

　例えば、「○○会社さんはアプリの開発が得意だからお任せします」つまり、マネジメントが専門の会社でない場合は、いくら良いマネジメントができたとしても「アプリの開発が得意だから、マネジメントは二の次」という理解になってしまうのです。

「マネジメントを依頼したいから、アプリ開発会社に依頼する」ということはまず起こり得ません。

では次にマネジメント専門の会社ではどうでしょう。「○○会社さんにマネジメントを頼んだら安定してすごいいい人が出てくるからお願いしたい」と言われ、高額な案件はその会社に集まってくるかもしれませんが、あなたがその担当になるとは限りません。繰り返しになりますが、どこまで行っても「会社の実績と会社の判断」で仕事が決まってしまうのです。

一方フリーランスの場合はどうでしょうか。

フリーである時点で、あなた自身の実績と評価が全てです。そのため、実績があればあるほど会社からは指名であなたに仕事をお願いすることになります。

それに対して、あなたは数ある依頼の中から「自分で仕事を選ぶ」ことができます。そうやって実績を積み重ねていくことで、あなたはさらにポジションを確立し自分自身の価値を高めることができるのです。

自分自身の価値を高めることで、難易度の高い仕事で高額な案件が自分のところに舞い込むような仕組みが自然と整うのです。

こういった仕組みを生み出すためには、当たり前ですが今ある目の前の仕事に真摯に向き合い、成果を出すことです。というのも、一度でも一緒に仕事をして「あの人はやりやすかったなぁ」と思ってもらえると、次のプロジェクトにも呼んでもらいやすくなるのです。

実際私も過去5～10年前に仕事をした方から「今転職して△△会社にいるんだけど甲州さんと一緒にまたプロジェクトやりたいから、話をさせてくれませんか？」と声をいただくことを数多く経験してきました。

そんなサイクルができてまた成果を出すと「じゃあ今度はもっと規模の大きな仕事もお願い」という風にいい意味で雪だるま式に案件も増え、報酬もいただけるようになるのです。

もし、これが社内ＰＭＯの場合、「甲州さんにお願いしたいけど会社経由で連絡しなきゃいけないのか…それならいいかな」という場合もありえます。

また、「連絡したいけど、甲州さんは前の会社をやめちゃって今どこでやっているのかわからない…」といったこともあります。そういう意味でフリーランスの場合は気軽に声をかけやすいといった心理的ハードルが低いのかもしれません。

フリーランスになるタイミングは人それぞれですが、あえてひとつの目安をお伝えすると、やはり「ＩＴ人材定年40歳説」の前かなと感じています。

そのためには、20代でプロジェクトリーダーや、エンジニアとしての経験を十分積み、30歳あたりからＰＭＯになるためにステップアップしていくのが理想的です。

私はよく「10年経っても連絡の来る人になろう」と自戒を込めて周りのエンジニアたちには

声をかけています。高額で難易度の高い案件はただ漫然としていても依頼されることはありません。日々、自分自身のマネジメントスキルを磨き成果を出すことに集中する。それこそがＰＭＯのあり方だと思うのです。

STEP7 自分の道を見つける
〜PMOになることはゴールではなくスタート〜

「PMO」と聞くとつい「1プロジェクトのマネジメント支援をする」というイメージが先行します。しかし、このプロジェクトPMOがPMOとしてのゴールではありません。前章でPMOには4つの種類がある、とお話ししましたが、それを見てもわかるように、PMOには実にさまざまな可能性があり業務範囲は限りなく広いのです。

例えば、会社間の統合プロジェクトといった大きなプロジェクトに参画することもできます。あるいは、グローバルPMOとして、世界を飛び回り活躍することもできるでしょう。

もちろん、ずっとフリーランスで仕事をする必要もありません。PMOをしていく中で「この会社で働いてみたいな」と思えば、転職することも大いにあるでしょう。転職した先でプロジェクトマネジメントに力を入れ、それまでシステム開発のみだった会社に新たな事業をもたらすなど、その会社のキーマンとして働ける可能性も十分あります。

私のようにPMOのスキルを活かして独立起業ということもあるでしょう。チームメンバーの一員としてプロジェクトを進めてきた経験から、「自分はこういう事業をやってみたい」「ここの会社と手を組んでこんなプロジェクトをしてみたい」という想像も膨らむはずです。しかもそのプロジェクトを進めていくスキルはもう持ち合わせたうえでチャレンジできるのです。選択肢はいくらでも広がっているのです。

こうやって書いていくとPMOは将来性のある華やかな仕事のように思いますが、決してそこだけを切り取って考えてはいけません。難易度が高く高額の案件であればあるほど、関係者も多くより丁寧で愚直な対応が求められるからです。

といってもそう構えることはありません。私自身PMOとして15年近く走り続けてきて思うのは、「PMOほどやりがいがあって面白い仕事はない」と思います。

よく、PMOのキャリアパスの話をすると、エンジニアの中には「いやいや、僕は人を管理するような管理職になりたいわけじゃないんだよ」という方がいらっしゃいます。しかし、それはPMOのことを少し誤解しているのかもしれません。

PMOは、進捗管理と会議に出て上司に報告する、そんな単純な仕事ではないからです。

もしPMOに興味があるけど、イメージがわかない場合、周りでPMOの仕事をしている人間にアポイントをとって話をきいてみてください。

あるいはPMOをしている方のブログを読むのも理解の一助になるでしょう。おそらく、あなたが思い描いていたPMOとは違う世界が広がっているはずです。

優秀なＰＭＯと
ダメなＰＭＯの見抜き方

仕事のできないPMOとトップを走り続けるPMO

「PMOを入れたものの、空気を読まないルールばかり押しつけて、現場の足を引っ張るから逆効果だ」

ときにこのような「PMOは役に立たない」という「PMO不要論」を耳にすることがあります。実際、高度なITスキルを持っていても、教科書通りのマネジメントをするばかりで現場のニーズに即していないPMOがいるのも事実です。

では、「いらない」と言われてしまうPMOと「いてくれないと困る」と言われる優秀なPMOとでは、一体何が違うのでしょうか？

例えば、予定通りにプロジェクトが進まない、というトラブルがあったとしましょう。このとき、「人を増やせばいいじゃないですか！」と言うようなPMOは「ダメなPMO」の典型です。

確かに、人手が増えることで、生産量は上がります。進捗の遅れを取り戻し、ひょっとしたら予定より早く仕上がり、その他の仕事を引き受ける余裕も生まれるかもしれません。

ですが、「人を投入すること」で片づけてはいけない問題もまたあります。そのひとつが「人件費」です。会社の経営状況から、1人増やすのも慎重になる状況かもしれません。あるいは、費用をかけて募集してもなかなか自社にマッチする人が来ないことも考えられます。つまり、単純に人を増やしても、新たな問題が生まれてしまう可能性があるのです。

こんなとき、優秀なPMOなら短絡的に「人を増やせばいい」なんてことは言いません。それよりも「進捗が遅れている背景」に注目します。

すると、「仕様が決まっていないので先に進まない」といった現場の状況が把握できます。さらに、「なぜ仕様が決まっていないのか?」と追求し、その原因を探ります。

結果的に、次のような「遅延の原因」を特定することができます。

「顧客がやりたいことを設計書に落とせていなかった。その理由は、顧客に質問すべきことをし忘れたため。すでに20個もの質問事項が発生しているので、これ以上聞いたら顧客の機嫌を損ねるのではないかと気になり、なかなか追加で聞けないだけだった」

このように、トラブルの原因を特定した後は「どうやったらこの問題をクリアできるか?」を考えます。

そのときは現場を巻き込んで、ＳＥと一緒に解決策を探ります。

「顧客には、メールで多数の質問に返信してもらうのではなく、Zoom 会議を開いて笑顔で質問しましょう」

こんな解決策が見えてきたら、あとはＰＭと一緒に次のステップに向けてチーム一体をまとめあげていきます。これが「優秀なＰＭＯ」です。

つまり、トップを走り続けるＰＭＯとは、まさに「教科書が教えてくれない正解」を導き出せる人なのです。

PMOに向いている人　向いていない人

では、PMOに向いている人はいったいどんな人なのでしょうか？　PMOに向いている人は、大きく分けて3つ特徴があります。

①自己管理ができている人

PMOの中には「管理」を勘違いしてとらえている人がいます。「PMOは他人の管理をする人である」。しかし、これは誤りです。自分の管理を徹底できたうえではじめて他人の管理ができるのです。

例えば、遅刻をしない。自分のスケジュールを管理しタスクの納期を守る。会議のときは事前に話の進め方を準備する…などが挙げられます。忘れてはいけないのは「PMOは、プロジェクトメンバーであり当事者である」という意識です。メンバーのタスク管理だけではなく、「今自分は何をやっていて、それがいつ終わるのか」ということを言えるかどうか。これがPMOになるための最低限のスキルと言っていいでしょう。

②プロジェクトを自分事として考えることができる人

つぎに大事なのが「プロジェクトを自分事化」できる人です。ＰＭＯはプロジェクトが失敗しても「失敗したのは、メンバーが動かなかったからです」「管理に問題はなかったので、プロジェクトの責任は私にはありません」と言えてしまう立場にあります。

というのもプロジェクトの成功可否の責任はＰＭとお客様自身にあるため、ＰＭＯにそこまでの責任が存在しないからです。

しかし、当然ながらこのような言い訳をしてしまうようではＰＭＯには不適と言っていいでしょう。プロジェクトの成否に他人事のような感覚を持っている限りプロジェクトがうまくいくことはありません。責任をことさらに問われないからこそ、「このプロジェクトは自分が責任を持って進めていくのだ」という感覚を持つことがＰＭＯには何より大切なのです。

③仕組み化がうまい人

もうひとつ、ＰＭＯにとって重要なのが「仕組み化」です。これまでにもいくつか仕組み化の成功事例を挙げていますが、メンバーがスムーズにタスクをこなしていくためには「どうすれば効率よく仕事ができるか」を常に考えなければなりません。

例えば、「具合が悪いときの連絡」や「進捗確認」はそれだけで手間をとられます。このとき、優秀なPMOなら「連絡すらいらない仕組み」を作ってしまえば、メンバーに対していちいち連絡することも、またメンバーからも連絡しやすいと考えます。あるいは出社できないときは共有カレンダーに予定を入れておいてもらえば連絡する手間も節約できると考え、メンバーに「ここのステータスを変えれば一瞬で進捗がわかる仕組み」をつくります。

進捗管理にしても、メンバーがオンラインなのかオフラインなのか、進捗が予定通りなのか遅れているのか、会議に対して出席なのか欠席なのか、常に見ることができるような仕組みを用意して、みんなにステータス更新を徹底させ、効率よく働ける環境を整えます。

このようにストレスがなく本来業務に集中できる環境を作ることこそがPMOの存在意義なのです。

この3つを満たしていれば、PMOとして活躍できることでしょう。

ちなみに、「PMOはホスピタリティにあふれた人がいいのですか？」と聞かれることがありますが、必ずしもそうだとは限りません。それよりも、現状を客観的に見つめてその時々で必要な仕組みづくりをしていく方が大切だと私は考えています。

全員のスキルが5%上がれば、開発速度が200%になる

優秀なＰＭＯは１つのプロジェクトを行う場合、「全員のスキルを上げる」ことにも注力しています。それはなぜか。全員のスキルが５％上がると開発速度が２００％になることを感覚的に知っているからです。

では、この「スキル」とはいったいなにか。

それは、ＩＴリテラシーと文章力の２つです。

ここでいうＩＴリテラシーとは、「さまざまなツールを使いこなせること」を指しています。例えば、チャットツールが問題なく使える。あるいは、Zoom の画面共有がスムーズにできる。また、Excel でまとめているデータを修正したいときに ショートカットキーで作業スピードを上げるなどの一般的なスキルを指します。プロジェクトメンバー全員がツールを使いこなすことができれば、作業スピードだけではなく、話の決定スピードも一気に上がるでしょう。そのため、ＰＭＯはＩＴリテラシーの向上に力を入れるべきなのです。

そしてもう1つが「文章力」です。

基本的にプロジェクトはすべて「文章化」されて進んでいきます。

日常的なチャットでのやり取りや、お客様へ確認のためメールを送るときもあるでしょう。

そんなとき、文章力がないと何度もラリーを繰り返してしまい、それだけで時間的なロスが生まれてしまう可能性があります。

例えば、「A案とB案どちらがよろしいかご判断ください」というよくわからない文章だけ投げられてもお客様からすると「A案とB案どちらがいいのか、両者のメリットデメリットは何なのかわからない…」「C案は存在しないのか？」となってしまいます。

そうではなく、

「今回ご相談の背景はこういうものがありまして、このような問題が発生する可能性があります。つきましてはA案B案が考えられまして、それぞれのメリットデメリットは今このようなものがございます。ご判断いただく期日は○○です。こちらまでに判断いただかないと後続の進行が遅れることが考えられます。つきましては、△△までに一次回答だけでもいただければ嬉しく存じます。ご回答いただけますか」

と送るだけでやりとりが1回で終わります。文章力をメンバーが備えているだけで、スピードアップにつながるのです。

特にプロジェクトを進行していると常に問い合わせや課題が平気で100〜200件と上がってきます。これを処理するだけでも多くの時間を取られてしまいます。その時間を軽減させるために、PMOはあらかじめ文章のフォーマットを決め、「このフォーマットに沿って、回答してください」という場合もあります。そうすることで、メンバーやお客様も「白紙から文字を打つよりも簡単」と理解され、文章力のレベルを底上げできるからです。

メンバーやお客様がみんな同じスキルを持っているとは限りません。PMOはそのレベル差を鑑みたうえで、全員のスキルアップに貢献していかなければならないことも付け加えておきます。

マニュアルは「作成スキル」より「見直しスキル」

プロジェクトを進めていくと、必要になってくるのが「作業マニュアル」です。作業が長期間にわたったり、複雑になればなるほど、マニュアルの重要度は増してくるでしょう。

ここでいうマニュアルは大きく2つの種類に分けられます。

1つは、「プロジェクトを進めていくうえで、ルールとなる」マニュアル。

もう1つは、「出来上がったシステムを日々使っていく際に必要となる」マニュアルです。

1つ目のルールとなるマニュアルは、「メールはこんなふうに書きましょう」とか、「チャットの書き方はこうしてください」といったものから、「問題が起きたらこのExcelに入力しましょう」「このセルには、このような書き方で統一してください」など、いわば「プロジェクトを進めていくうえで齟齬が起こらないためのもの」という性質を持っています。そのため、より細かい指定や指示が入ります。

２つ目の「システム導入の実践マニュアル」は、例えば「新しく導入した経理システムでシステムの画面のどのボタンを押してどの画面を開いて何々を選択して入力してください」とか「請求書や契約書を印刷するには、この画面を開いてここをクリックしてください」といった日常業務を補完するマニュアルになります。

これら2つのマニュアルが存在するわけですが、多くのプロジェクトでは「作成したら終わり」ということが少なくありません。もちろん1つ目のプロジェクトマニュアルは、プロジェクト終了と共に読まなくなるためそれでよいかもしれません。しかし、２つ目のマニュアルはそれとは性質が異なります。（特にシステム開発ベンダーに所属しているエンジニアの方は、マニュアルを納品して終わりという発想を持たれている方は多いのではないでしょうか？）

システム導入時には、誰もがどうやって使えばいいかわからない状態なので、マニュアルの通り使えば一通りの作業ができるような段階からスタートします。

しかし、システムを使っていくにつれてマニュアルの中に書いていない作業が出てきたり、実はマニュアルに載っている方法より効率的な方法を発見することがあります。その際「マニュアルそのものを見直した方が効率的だ」という状況が発生します。

その際、マニュアルそのものをアップデートしてより効率のいい使い方に変えていかなければばなりません。

さらに言えば、「マニュアルの見直しは当然起こる」と仮定したうえでプロセス上に組み込んで運用を開始すると、運用していくうえで効率化を図ることができます。

そういう意味で、マニュアルは「作成スキル」よりも「見直しスキル」のほうがはるかに大事なのです。当たり前のことですが、システムもつくったら終わりではありません。

会社や事業の状況に合わせて当然変わっていくものです。であれば、マニュアルもまた進化させていくことは容易に想像できます。先のことを見通す力もまたPMOには必要と言っていいでしょう。

「ファシリテーション力」がリーダーの資質を決める 〜チームのモチベーションを上げる「聴く力」〜

何か問題が起こった時に「とりあえず会議をしましょう」というＰＭＯに出会ったことはありませんか？　じつはこれ、ダメなＰＭＯの典型例です。

一方優秀なＰＭＯであれば問題が起こった際どうするか。やみくもに会議をすることはありません。それよりも、「プロジェクトメンバーがよりパフォーマンスを高める環境をつくるにはどうしたらいいか」と考え、必要であれば会議を開き、問題を解決していきます。

ＰＭＯはそういった決断力やリーダー資質が求められます。

では、現在の「リーダー資質」とはいったい何を指すのでしょうか。私は、「チームやプロジェクトのパフォーマンスを最大限に引き出すこと」にあると思っています。

過去のリーダー像は１人で何でもできてメンバーを引っ張っていく「カリスマリーダー」が主流でしたが多様性のこの時代、１人のスーパーマンのようなリーダーがすべてを把握するのは無理に等しいのです。

であればどうすればよいのでしょうか。

「メンバーにより良いパフォーマンスを発揮してもらう環境を作り出すこと」がリーダーに求められることだと私は考えています。

その時に必要になってくるのが「ファシリテーション力」です。ファシリテーション力を日本語に訳すと「促進力」とか「推進力」といわれますが、私はファシリテーション力を「聴く力」だととらえています。

リーダーとして、「～してください」ということを言うシーンはたくさんあると思いますが、それは裏を返すとリーダーの考えや会社の考え方を押し付けることと同じです。

そう言われて納得して仕事ができる人であれば問題ありませんが、「このやり方で納得してないけれど、言われたからやるか」という状況に陥りがちです。

この場合やるべきことをやれば平均点は取れるかもしれませんが、それを超えてくるようなアイディアや意見は期待できません。

ここで「聴く力」が重要になってきます。簡単に言えばメンバーに「どうやった方がいいと思う?」とか「もっといいやり方あったらどんどん言ってね」という聴く姿勢を持つだけで、相手はより話しやすくなりメンバー自身のやりやすい方法で業務を行うようになります。結果的にパフォーマンスが上がり、良い仕事ができることにつながるのです。

そうやって考えていくと、「聴く力」と「常識を疑うこと」はセットで考えてもよいかもしれません。

例えば、「会議は対面で行う（そのほうが良い意見が出る）」というのですら、すでにあなたの考えを押し付けていることかもしれません。発言するのが得意な人もいればチャットで自分の考えを送る方がいいやすい人もいるかもしれません。

そういったさまざまな可能性を考えて、それぞれに合わせるスタンスこそが大事なのです。「数人のメンバーならいいけど100人とか200人の場合はどうするんですか？」とあなたは思うかもしれません。

その場合私ならこうします。

まず、チャットの方が話しやすいグループとしゃべったほうがいいグループに分けて、それぞれで意見を出してもらいます。

そのグループでリーダーをつくって、意見をまとめてもらえば自分がひとりひとり直接話すことはないものの「みんなから意見を集める」ことはできます。

相手の話を「聴く」というのはこういった行動も含めます。メンバーひとりひとりにカスタマイズしてパフォーマンスを上げていく。それは通り一遍の方法ではうまくいきません。ときに根気よく、ときに効率よく。そして自らの聴く力も育てていってほしいのです。

「質問力」がないと後でトラブルが続出

優秀なＰＭＯになるためにもうひとつ身に付けておきたいスキル、それが「質問力」です。ここでいう質問力とは、「相手に適切なタイミングで的確な質問を行うこと」を指します。

さらに、質問には、「幅」の質問と「深さ」の質問の２つがあります。この２つを理解し、プロジェクト進行上で正しく使えるかがプロジェクト成功の可否を握ります。

ここでいう「幅の質問」とはプロジェクトがどの領域まで及ぶのか（スコープ管理に該当します）それを確認する質問です。

この領域を確認しないとどういうことが起こるのか。失敗例をご紹介します。

ある会社で「会計システムの刷新をする」プロジェクトが立ち上がりました。審議の結果、パッケージソフトウェア導入で話がまとまりＰＭＯはプロジェクトを進行。会計システムは無事刷新されました。

その後お客様から連絡が入ったのです。

「あの、会計システムは刷新されましたが営業部からの情報はどうやって流すんでしょうか？」

「生産部からの棚卸データはどうやって登録するんですか？」

ＰＭＯは困ってしまいました。なぜなら「会計システムの刷新だけ」が自分の業務だと思っていたからです。困ったＰＭＯはこう答えました。

「いやそれは会計システムを導入するってだけ言われていたのでわかりません……。御社で対応してください…」

こんな風に書くと「いやそんなこともわからないでプロジェクトしていたんですか？」と驚かれてしまいそうですが、実際現場ではこのようなことが日常的に起きているのです。

では、このＰＭＯはどうすればよかったのでしょうか。

そこで出てくるのが「幅」の質問です。

「会計システムの刷新ですが、会計部分だけシステムを変えても意味がないですよね？ 営業からの見積もりや請求書データはどうやって流せばいいですか？」

「生産からくる棚卸とか在庫データはどう処理すればいいですか？」

あるいは、こんな質問も考えられます。

「会計システムって一言で言っても御社は子会社と連結会計やっていますよね、そちらはどうしますか?」

このように会計システム刷新で「どの領域に影響が出るのか」を見越して質問することが「幅」の質問で求められるのです。

では、「深さ」の質問とは何を指すのでしょうか。これは、サービスやシステムの「中身・内容」といった具体性を指します（要件定義工程の機能・非機能要件をイメージしてください）。先ほどの会計システムを例に挙げてみましょう。

会計システムの導入にあたって、

「そのシステムではどれぐらいの機能が必要ですか?」

「勘定科目はどの程度充実していたほうがいいですか?」

「お客様ごとに管理会計ができる方がよいですか?」といった個別具体的な内容の聞き取りのことを指します。

深さの質問で重要なのは「お客様が言わないけれど必要としているものをあぶりだすこと」にあります。

深さの質問をしていないと、例えばお客様から「決算書を出せればいいです」と言われていてその通りにシステムを組んだものの「決算書って言ったけど、実は国際会計準拠のやつも必要なんだよね」という食い違いが起こりやすくなってしまいます。これは致命的なトラブルにつながりかねません。

未然にトラブルを防ぐ意味でも、深さの質問をすることはとても大事なのです。

適切なタイミングで適切な質問をするためには、何より前準備がとても重要です。例えば会計システムであれば基本的な会計の仕組みや流れ、どんな人たちに影響があるのかを理解しておくことです。

会計の仕組みに限らず、企業において基本的な仕組みはほとんど変わりません。物をつくれば品質を保つ仕組みがあり、物が売れればそれを管理する仕組みがある。こうした一般的な仕組み、役割が理解できればあとは、業界、またその企業ならではのルールを確認すればいいのです。

相手に質問する際も、「～についてはこれで合ってますか?」と投げかければそれに対して合っている、違っていると返答しやすくなります。

ではこういった基本的な仕組みの理解をどう進めればいいか。それは日常生活で利用するサービスや商品について「どんなビジネスモデルなんだろう」とか「どんな流れでこのサービスが使えてるんだろう」といったことに疑問を持ち自分なりの考えを持っておくことです。

そうした思考を普段から養い、ストックしておくといざ仕事になったとき、自分の考えとの相違点をお客様に確認することができます。そうした矛盾は質問で解消していけばいいのです。

「自分なりに考えていろいろ調べたのですが、どうしてもここの仕組みがつながりません。なのでこの部分についてどんなシステムで動いているのか、教えてください」と聞けばお客様は快く教えてくれるはずです。

質問力を身に付けることは優秀なＰＭＯに近づく重要なポイント。普段からあらゆることに好奇心を持っておきましょう！

交渉力がないと100億円案件がパーになる

これまで私は何度も100億円が動く大規模なプロジェクトに関わったことがあります。

例えば「2年がかりですべてのシステムを刷新します。予算は100億です、あとはうまくやってください」といってベンダーさんに丸投げされるパターンが挙げられます。

しかし、これで「はい、わかりました」といってそのまま進めてもたいていの場合うまくいきません。

ここで大事になってくるのが、「聴く力」「質問力」、そしてもうひとつが「交渉力」です。

この場合、私ならこのように提案します。

「不確定要素が多い状態でスタートして、まるっと100億使うとうまくいかないことが多いです」

「そこで本プロジェクトを段階ごとに区切ってみました。それが次の通りです」

「1年目は2億円をこのように5つにわけてシステムを刷新しましょう。2年目で10億円をここで投入していきます…」

「100億円でカバーできる範囲をすべて洗い出すのは難しいですが、このように細かく分けていけば実現可能性が高まります」

「また、プロジェクトを開始して時間が経つと世の中の状況や会社の状況も変わります。そのため、当初の計画から変わることも多いのです。だからこそまずは小さく始めることをおすすめします」


いかがでしょうか。

このように交渉していくと、「それなら甲州さんの言った通りで進めてみようか」と持っていきやすくなるのです。


あるいは先ほどの「会計システムの刷新」で「1億の予算でやって」と言われた場合はどうでしょう。

私はこう交渉します。

「最初からいきなりすべてのシステムを刷新すると、社員の方々が使いこなせないなどの混乱をきたす恐れもあります」

「そこでまずはこの部分のシステムだけを刷新し、経営分析をするような機能の追加は見送るのはどうでしょうか？」

「システム変更したものでみんなが使いこなせるようになったら、この機能を導入しませんか。であれば、最初は特定の機能だけにして5000万でスタートしましょう。やってみてある程度成果が出てきたらさらに予算かけて新しいことをやりましょう」

このように相手と交渉していくことで、プロジェクトの失敗を未然に防ぐことができます。

相手からの要望をそのまま受け止めずに、いったん自分の中で整理したり分割したりして考えてみること。そのうえで相手と交渉していく、これがあるべきPMOの姿なのです。

口だけPMO VS 手を動かすPMO
～「ドキュメンテーション力」を見落とすな～

ここに2人のPMOがいることを想像してください。

1人は、言ったことを資料に残さない「口だけPMO」。

もう1人は言ったことを資料化する「手を動かすPMO」。さて、みなさんはどちらのPMOに仕事を頼みたいと思いますか？


ここまで読んできたみなさんならおそらく察しがつくと思います。まず間違いなく「手を動かすPMO」に仕事をお願いしたほうが良いでしょう。

それはなぜなのでしょうか。

ここで口だけPMOの仕事ぶりをちょっとのぞいてみましょう。


あるプロジェクトのミーティングの場、「今日は○○について決定しました。では次のミーティングまでに鈴木さん、これをやってきてください。田中さん何週間後にやるって言ったんでよろしくお願いします」といって、ミーティングは終了しました。

次の週のミーティングで口だけPMOは進捗確認のためこう伝えました。

「鈴木さん、先週お願いしていた業務、できていますか?」。鈴木さんはこう答えました。

「あれそんなこと言ってましたっけ? すみません、やってないです」

「いや言ったじゃないですか。じゃあ次の週までにやってきてくださいね…」

この後、口だけPMOは同じことを2週にわたって言いましたが、結局鈴木さんが着手したのは3週間後。ここで、もうすでに大幅なロスが生まれてしまったのです…。

口だけPMOは「こうしてください」と作業指示を伝えているものの、そのじつ聞き手としては、なぜこの業務からやればいいのか根拠も優先順位も把握できていません。

ただ「やるべきこと」の表面だけを切り取って伝えた結果、相手に伝わっていない状況が生まれているのです。

では、手を動かすPMOはどうか。同じようにミーティングをのぞいてみましょう。

「鈴木さん、田中さん、今日は○○について決定しました。こういう論理根拠があって作業をするとこんな結果になります。この結果について説明いたしますね。で、もう事前に見てもらったと思いますが、結果予想はこのページとリンクしています。こういう理由があるので、鈴木さん来週までに○○をお願いします。田中さん、２週間後までにこの部分の作業をお願いします」

「この期日も忘れちゃうと思うので、ここのページにメモしておきますね。あとでメールでも同じものを送っておきます。ではよろしくお願いいたします」

次の週のミーティングで手を動かすＰＭＯは尋ねます。

「鈴木さんか今日までにこちら終わる、ということで共有させてもらいましたがどうですか?」。鈴木さんは答えます。

「ちょっとまだ終わってないんです」

「わかりました、そうしたら期限○○にしておきますね。これもここに書いておきますね」

と手を動かすＰＭＯは答えます。

手を動かすＰＭＯは、メンバーに対してやるべき業務の優先順位が下がらないよう常に気を配って先手を打っているのに対し、口だけＰＭＯは口だけの状態で、メンバーが何をすればいいのか、それがどの程度重要なのか示せていないため、業務が滞ってしまうのです。

なぜこのようなことが起こってしまうのか。私はひとえに「基礎となるスキルの低さ」が原因にあると思っています。すなわちドキュメントに起こそうと思っても起こせない。何をどうまとめたらいいのかわからない。だから、口だけになってしまうのだと予想します。

そうならないためには、タイピングスピードを向上させる、ショートカットを多用することはもちろんですが、まずファーストステップとして「記録の徹底」から始めるべきだと思っています。発言の自動記録や文字起こしなどのツールがあるから不要と考えるのは、早計です。（現に私は自動記録、文字起こしツールを使用していますが、それとは別に会議では記録を行っています）。記録の徹底とは、会話の中やチャットのやりとりの中で重要部分を抜き出し、要約し、次に何をすればよいかがわかるように残すことを記録といいます。

そのうえでわかりやすい表現に書き換えたり、見やすい図をつくったりして、どのように記録していくのが効率的なのかを考えればいいのです。それすらできていないＰＭＯが残念ながら多いのです。

その背景には、これまでに10人ぐらいの関係者しかいない小さなプロジェクトの経験しかないからではないでしょうか。もし、関係者が１００人を超えるくらいの大人数になると、いちいち口先だけでの確認はもはや不可能です。

大きなプロジェクトを任される前に、少人数のプロジェクトのうちから記録をつける癖をつけておく。図を用いて情報が部署にどう流れていくかを書いてみる。

手間に思えるかもしれませんが、実はこれは自分自身を守るためでもあります。


例えばトラブル等が発生し、「どこから間違えているんだろう」。振り返って確認したい場合、口だけＰＭＯでは、問題点を振り返ることもできません。あるいは、プロジェクトが終わって記録がなければ問題点や反省点を改善につなげることもできません。

次のよりよいプロジェクト管理につなげていくためにも、「手を動かし資料をつくる」ＰＭＯになっていきましょう！

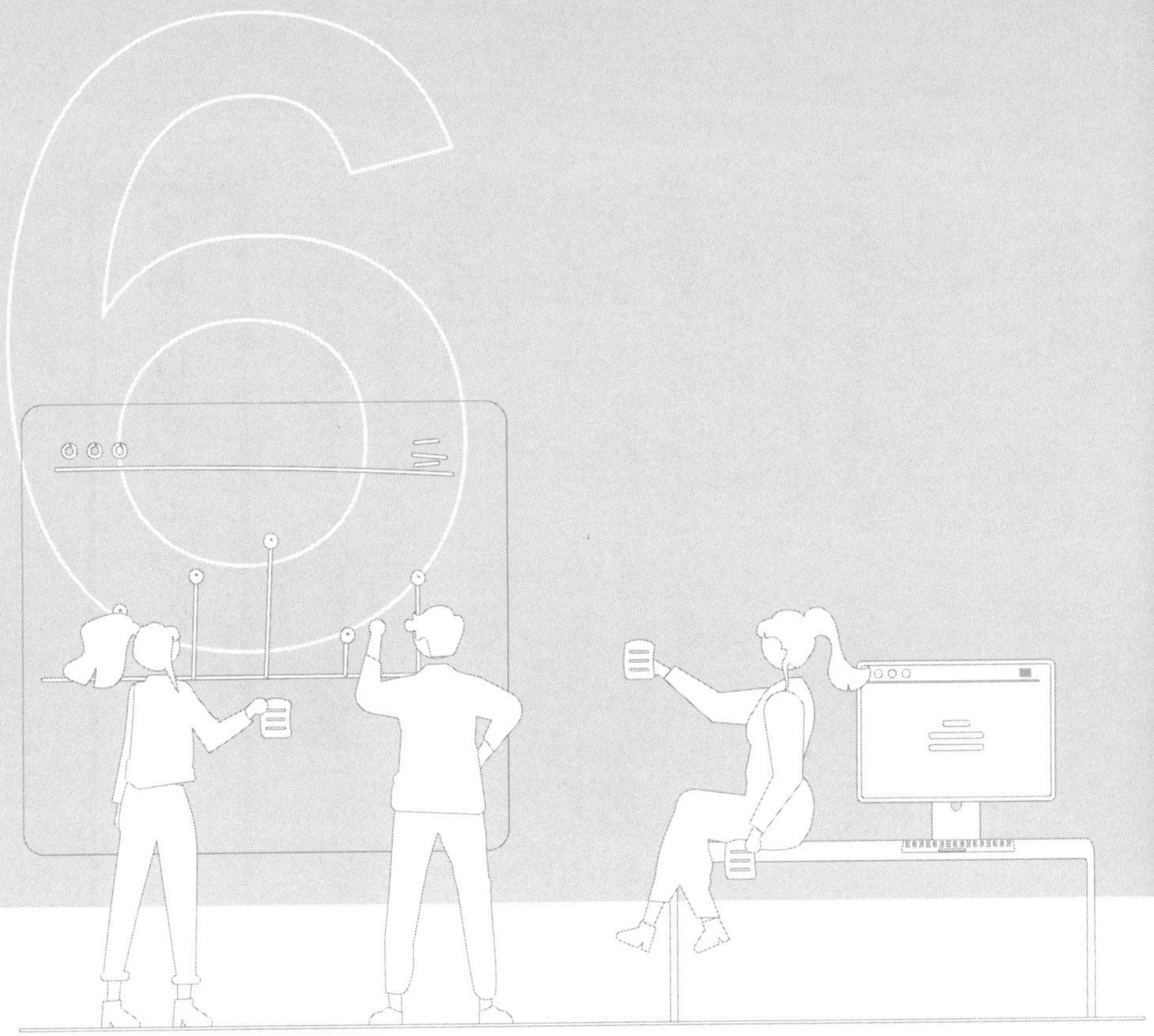

PMOが最低限押さえておきたいシステム知識とスキル

ＰＭＯはエンジニアと「共通語」で話せないと務まらない

「ＰＭＯはさまざまな管理を行う仕事」とさまざまな形でお伝えしてまいりました。そういうと「それならＰＭＯは管理だけできればいいの？」という考えに陥りがちですが、決してそうではありません。

システム導入などを行う場合、とくに求められるのは現状と課題の把握です。このとき、「どうすればこの状況を解決できるか」などと、ときにエンジニアたちと具体的に話しながら解決策を決めていかなければなりません。

そのためにＰＭＯはエンジニアリングの知識や、どんなシステムで動いているかなどをエンジニアと同レベルで知っておく必要があります。具体的な会話ができないと、お客様に対して「それは対応できません」「その問題はお客様のほうで解決してください」といった抽象的な表現しかできないからです。

共通語で話せないと、もうひとつ大きな問題が生じます。

それは「コミュニケーションをしてもらえなくなる」ことです。

例えば、トラブルやスケジュール変更があった場合、具体的なエンジニアリングがわかっていないとエンジニアからも「このＰＭＯに話しても通じないから、こちらで処理しよう」「これは環境とかネットワークに問題があるけど、どうせわからないから話すのをやめておこう」という風に、情報をそもそも共有してくれない、という事態に発展してしまうのです。

前にもお伝えしましたが、どんなにプロジェクト計画を立てたとしても、まず計画通りにうまくいくことはありません。計画通りにいかなくなったとき、トラブルが起こった時そこからどう立て直すことができるか、問題点をどのように解決していくかのほうが重要になります。そのとき、エンジニアと「共通語」で話せること。これがＰＭＯに不可欠なスキルと言っていいでしょう。

ここでいう「共通語」とは、プログラム言語といった現場で使うものではありません。エンジニアリングの知識や、「どうやってこのシステムができているのか」、さらには「このシステムを組むときエンジニアがどんな動きをするのか」といったシステムが出来上がる流れのことを指します。

ＩＴエンジニアからＰＭＯになる場合、このあたりの流れをすでに経験しているため、ＰＭＯへのキャリアチェンジがしやすいのです。

エンジニア経験がなくても、「基本情報処理資格」を持っている場合は共通語を理解できている、といっていいでしょう。また、「システムベンダーと一緒に仕事をしたことがある」という場合も、共通語は理解できていると思います。（システムを作るためにベンダーさんにお願いしたことはありますが、内容はほとんどわかりませんでした。という方は対象外です）

基本情報処理資格と、エンジニア経験、システムベンダーとやり取りしたことがある、という3つのうち1つを満たしていれば、「話の分かるＰＭＯ」として活躍できる可能性は十分あります。

プロジェクト（システムの開発から完成まで）の一連の流れ

ここで、改めてプロジェクトがどのように進行していくか、図を見ながら解説します。

左上にある「システム化の方向性・システム化計画」から要件定義、システム仕様という風に進行していきます。その後仕様が決まると実際にシステムの構築を行いさまざまなテストを経てリリースされていきます。

なお、この図がV字で表されているのには理由があります。左と右の作業それぞれで対比していくべき事柄なのです。

例えば、運用テストのときには「要件定義」を改めて見直し「できあがったシステムは要求通りになっているか？」をチェックする必要がある、ということです。

よくこの図をみると「システム開発はソフトウェアとＩＴシ

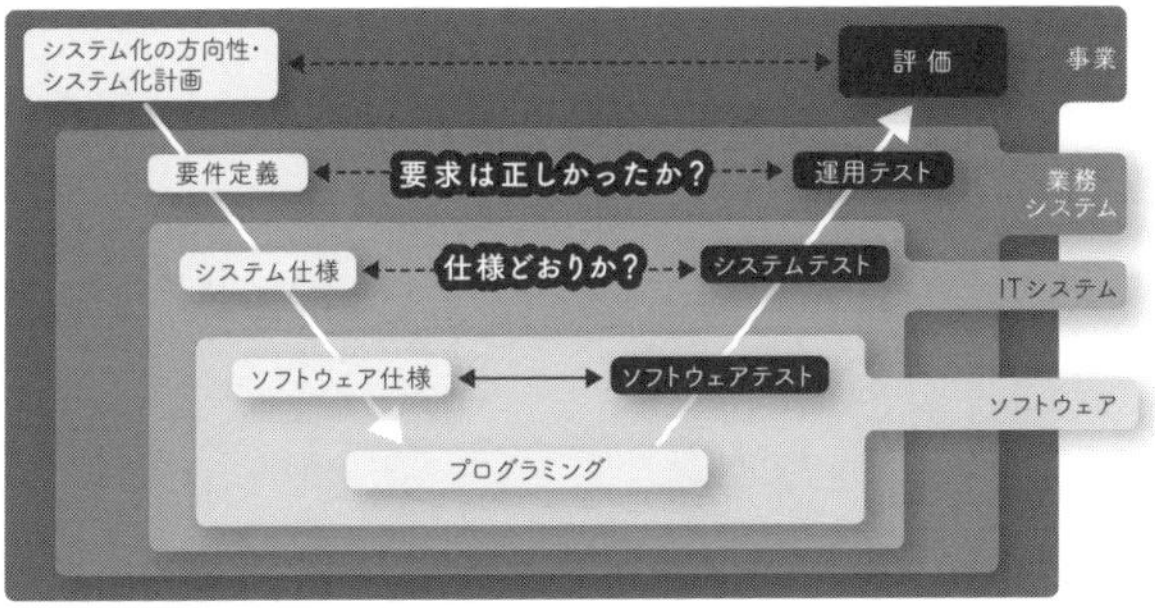

要件定義・仕様とテストの関係

ステムのことだけだ」と勘違いする方がいますが、そうではありません。評価も含めて行うのが「システム開発」なのです。

さらに、「これはウォーターフォールのV字モデルでしょう？　今のトレンドはアジャイルだから関係ないや」ととらえるのも間違いです。これは単に開発モデルのことを指しているわけではありません。アジャイル開発であっても、制作の基本的な流れは理解しておく必要があるのです。

さらに言えば「トレンドだからアジャイルを選ぶ」というのも本末転倒です。「どんなシステムを組むのか」「大規模なのか、小規模なのか」「メンバー構成」「納期」といったさまざまなポイントから、どちらの手法を選ぶのか、もしくはハイブリッドでいくのか決定します。

「そんなこと当たり前で知っているよ」という方も再度この図を見ながら、開発の流れをおさらいしていただけたらと思います。

業務で〈使える〉レベルのパソコンスキル習得が前提

少し基本的な話が続きますが、ＰＭＯになるためには、「基礎的なパソコンスキル」の習得、特にWord、Excel、PowerPointを使いこなせることがとても重要です。

ここではMicrosoft社の製品を例に記載しますが、文書作成、表計算、プレゼンテーションツール全般に言える内容です。

「いやいや、普段からそれくらいはもう使ってるよ」という方も要注意。「使えている」のではなく、「使いこなせているか」という視点でこれからお話しするレベルに達しているかチェックしてみてください。日々新しいツールが誕生してきますが、これらのことはツールが変わっても応用できるスキルです。

■会話しているスピードでタッチタイピングできるかどうか

タイピングスピードはかなり重要です。関係者が話す会話をまとめ、整理して資料に起こすためには何よりまず「聞き取って文章化する」ことができなくてはなりません。

その会話スピードについていけないと「すみません、ちょっと待ってください」といって話のテンポがずれることになり、スムーズなミーティングの妨げになります。会話を途切れさせないで自然に記録ができるレベルにまで腕を磨くことが必要です。少なくともこのタッチタイピングテストでA以上を目指すようにしましょう。

https://www.e-typing.ne.jp/roma/check/

■見やすくわかりやすい文章を作れるかどうか

聞き取った内容はそのままでは、伝わりません。見出しやキャッチコピーなどを入れて、わかりやすく「伝わる」文章にする必要があります。Word の機能を使ってビジュアル的に見やすい文章をつくることも重要なスキルのひとつです。

システム導入をして、普段の業務運用がある時点から変更になる場合、システムを利用する方々に連絡をする必要があります。その際には、知っておいてほしい情報（いつからシステムが変わります、いつから運用が変わりますなど）、お願いしたい情報（ＵＲＬが変わります、入力画面が変わりますなど）、が出てくるはずです。数人、数十人程度の利用者であれば、簡単なメールや口頭で対応して、聞かれたら答えるという対応で問題ないでしょう。しかし、数千人、数万人の利用者がいたらどうでしょう？必要な情報をまとめた文書を作って連絡したほうが良いはずです。そのためには、プロジェクトの内容を知らない初めて聞いた人にでも何が起きるのかわかる文章で伝えられるスキルはとても重要です。

■関数を使えるかどうか。データテーブルを管理して、データを表現してあつかうことができるか

次にExcelで求められるスキルです。単に表計算ができるだけでは足りません。Excelのデータを相手に一瞬で伝えられるようなグラフの作成の能力、見せ方を習得しておく必要があります。

例えば、現状分析を行い、「バグ総数100件に対して、調査中20件、処理中50件、着手はしているが要望に関して未対応30件」という結果が出ました。これをどう分類して何を優先させるべきかをチームメンバーに伝わるように可視化して伝えるのが、ここでいうExcelのスキルです。

この場合、「お客様にとって今困っているのは何か」とPMO自身で考え、「まずはバグ対応から着手する」ことを伝え、さらにはお客様側で作業が止まっているのか、それともエンジニア側で作業が止まっているのかを明確にさせる必要があります。

そうなれば、「〝調査中〟〝処理済み〟というのをステータスではっきり見せるようにしよう」

というアイディアも生まれます。

言ってみればここでいうExcelのスキルとは、「相手にやるべき行動を示す、伝える力」と言ってもいいかもしれません。ＰＭＯはデータやグラフから、何をしなければいけないかを見出すのが何より大事なのです。

■ドキュメンテーションの表現力があるかどうか

最後がPowerPointにおけるスキルです。ここでは、単にPowerPointを使って資料を作ることができるのではお話になりません。「文字だけでスライドをつくる」のも論外です。

ここでいうドキュメンテーション力とは、「ストーリー立てて資料をつくれる力」のことを指します。

「このプロジェクトを行わなければならない背景は○○です。今、このような問題を抱えているので、それを解決しなければいけないという課題が会社に設定されています」

「それを解決するにはそもそも人的リソースだけでは無理だからシステムを導入して効率を高めながら売上アップを狙う必要があります」

「○○の目標設定があってそれを達成する解決方法を模索します」

「現状はこういうシステムになっていて、将来的にはこのような構想を目指しましょう。つきましては、こんなスケジュールで進めていきます」

「実施期間は2年ぐらいを想定していますが、これは自社では対応できません。したがって○○の部分をアウトソースして何システム会社さんに作ってもらう想定です」

「つきましては、このプロジェクトの体制はこんな関係者で進めていきます」

今私が文章で書いたようなことを、図やグラフなどを用いた資料を作り、相手に伝えることができるかどうか。ストーリー展開を見せながらプレゼンテーション資料が作れることが重要なポイントです。

タッチタイピング、Word、Excel、PowerPointといった基礎的なスキルについてお話ししてきましたが、みなさんはいま挙げたようなスキルを持ち合わせていますか?

持っている方はそのままさらなるスキルアップを目指しましょう。

持っていない方はこれをきっかけに、ぜひタイピングや資料のつくり方を学びトレーニングしていただければと思います。

論理的思考があればプログラム言語は習得できる

よく、エンジニアから「ＰＭＯになるにはプログラム言語を習得した方がいいですか？」と聞かれることがあります。

もちろん、習得できるのであればないよりあったほうが良いでしょう。しかし、私が言いたいのはプログラム言語を記憶することよりも、まず大事なのは「論理的思考」です。ここで言う論理的思考とは、物事を論理立てて解釈できる能力のことです。

では、論理的思考とはどういうことか具体的な例をひとつ挙げたいと思います。

駅のホームや街で見かける自動販売機を考えてみましょう。自動販売機からどういう順番で缶ジュースが出てくるか、説明できるでしょうか。

「硬貨を入れてどうやって商品が出てくるのか」、その仕組みを少し考えてみてください。

さて、私ならこのように答えます。

１００円玉１枚と10円玉３枚を硬貨投入口に挿入する→１３０円で買えるジュースのボタン

の裏側にあるランプが点灯する↓欲しいジュースのボタンを押す↓押されたボタンを機械が感知↓中の機械の必要な場所が動く↓ジュースが出てくる

大したことではありませんが、こういった説明ができるのが論理的思考です。

ここまで考えられたら今度は、例えば投入される硬貨が500円玉だったらどうなるか、考えてみましょう。

上記の手順に「お釣りを出す」という状況が追加されるわけですが、それだけの説明では論理的ではありません。ここでは500円玉と言いましたが、問題は「さまざまな形態のお金が投入される」ということを網羅していく必要があるということです。

日本では硬貨は6種類あります。500円玉の場合はどういう計算をするのか。100円玉が何枚以上になったらどう計算するのか。5円玉・1円玉、5千円札や1万円札は対象外になります。硬貨の場合だけじゃなく、千円札の場合もあるでしょう。といって、そこまで考えることができて初めて論理的な説明だ、ということができます。

なぜこういう思考法が必要なのかと言うと、プログラム言語ではそういった「起こりうる様々な状況」をしっかり網羅して表現しなければプログラムが動いてくれないからです。曖昧な表現が入り込む余地がない。お釣りを計算する命令が入っていないとお釣りを出せないわけです。

「何々の数字より大きかったら何の処理をする」

「小さかったら何、0だったら何、それら全てのパターンを網羅する」という風に事前に命令を用意しなければ、プログラムは動きません。


自動販売機の話に戻ると、例えばゲームセンターのコインだとか、果てはそこいらに落ちている葉っぱが入ってきたらどうするか。想定していないことが起こるとプログラムエラーが発生してしまいます。そうしたエラーを発生させないために、どう指示するか、というと6種類の硬貨「以外」は弾くと表現するわけです。キャッシュレス決済の場合はどうか、新しいキャッシュレス決済サービスが出てきたらどうするか、など自動販売機のこれまでとこれからの視点を加えればどんどん考えることができます。


このような論理的思考は生活の中で、養うことができます。生活で使用している機器、サービスについて疑問を持ってどうやって動いているのかを考えてみましょう。

たとえば「自動改札機はなぜタッチで通れるのか」「どうして電気自動車は動くのか」など、身の回りで起こっていることに疑問を持つことから論理的思考は始まります。

そうした思考力を身に付けていくと、仮に自動販売機のプロジェクトに参加することになったとして、「硬貨は6種類あるな」「1円玉と5円玉は使わないから4種類だな」ということが誰に説明されなくてもすぐに理解できます。最初から全てを理解する必要はありません。基礎的な知識に不足部分だけを確認すればこと足りるからです。

この土台があると、圧倒的に話が早くなり、それだけでＰＭＯとしての役割を果たせる可能性が高まります。

物事を「論理的」に理解して、他の人に伝えていける能力はＰＭＯにとって不可欠です。ぜひ日々筋トレ的に鍛えていきましょう。

エクセルだけで業務効率が150%アップした!

論理的思考が大切だ、という話をしましたが、それと同じくらい大事なのがシステム知識です。では、システム知識を身に付けたうえでPMOとして取り組むとどうなるのか。ここでは私の経験談をご紹介したいと思います。

ある日、私はとある企業から、こんなご相談を受けました。

「うちの経理部門のことで相談したい。経理部の人間が日常作業に追われており、経営層が欲しい時に必要なデータが得られない」

「月次処理に時間がかかっているため、早急な経営判断ができない（前月のデータが経営層に届くまで3営業日かかっている）」

「手書き作業の後にシステム入力作業が発生していて、無駄な作業や作業ミスが発生しやすい業務プロセスになっている」

「取引データの量は月間で5千件程度にも及び、月末になると1日で300件もの取引データを扱うことになり、月末月初の残業が常態化している」

話を聞けば聞くほど、早急な対応が必要な事態でした。

企業からの要望は、大きく次の2つでした。

1　膨大なデータ処理にかかっている時間を短縮化したい。

2　将来的には事務作業に工数を割いている人員を経理分析に注力させたい。

そこで私は、早速ヒアリングを開始。使用している会計システムの現状把握をさせていただき、プロセスの改善案と作成するツールの仕様決定を行いました。

既存のデータを活用するようにし、従業員への引き継ぎも簡単なように使い慣れたツールを使用することを方針として決定。

そこで、未使用だった銀行取引データを普段から使い慣れているエクセルで会計システムに取り込めるような形式に変換するツールを作成することで話がまとまりました。

ツール導入に伴い、並行稼動期間を設けました。

この期間は、現在の手書き&手入力の作業とツール導入した場合の作業を並行して行い、どちらの方が有効性が高いか測るものです。日次締め、月次締め処理をそれぞれ照合させた結果、手入力では誤りが多く発見されました。こうした検証でよりツールそのものの精度や正確性を証明することができ、本格導入の決め手になったのです。

その後、本格導入もスムーズに行うことができました。大きく変更したのは次の点です。

ネットバンキングより取得可能な「銀行取引データcsv」をエクセルにインポートし、既存の会計システムにあった取引データインポート機能を使用して取り込めるようにデータを変換するようにしました。勘定科目、補助勘定科目が自動的に変換されるようにし、複数銀行に対応させたのです。改善後は、銀行の取引データを会計システムに取り込めるように変換ツールをExcelにて作成しました。

さらに、作業にかかっていた大幅な時間と手間の短縮が実現しました。

というのも、改善前は銀行から取得できる取引データが存在していたにも

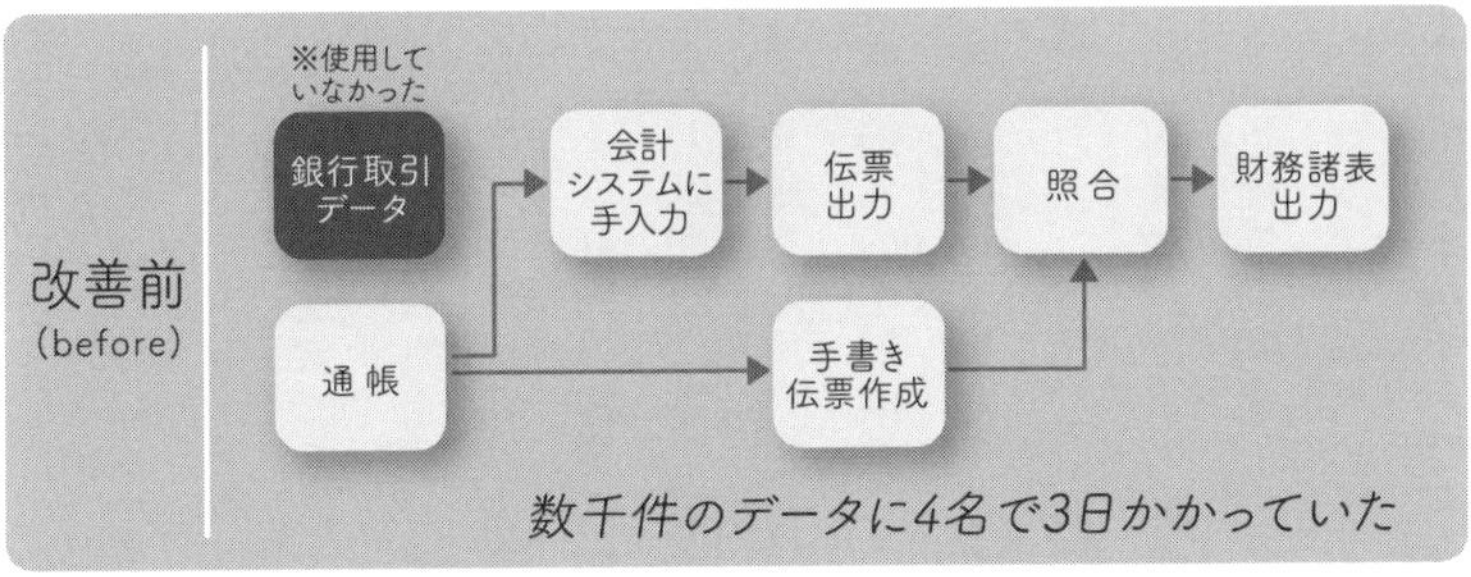

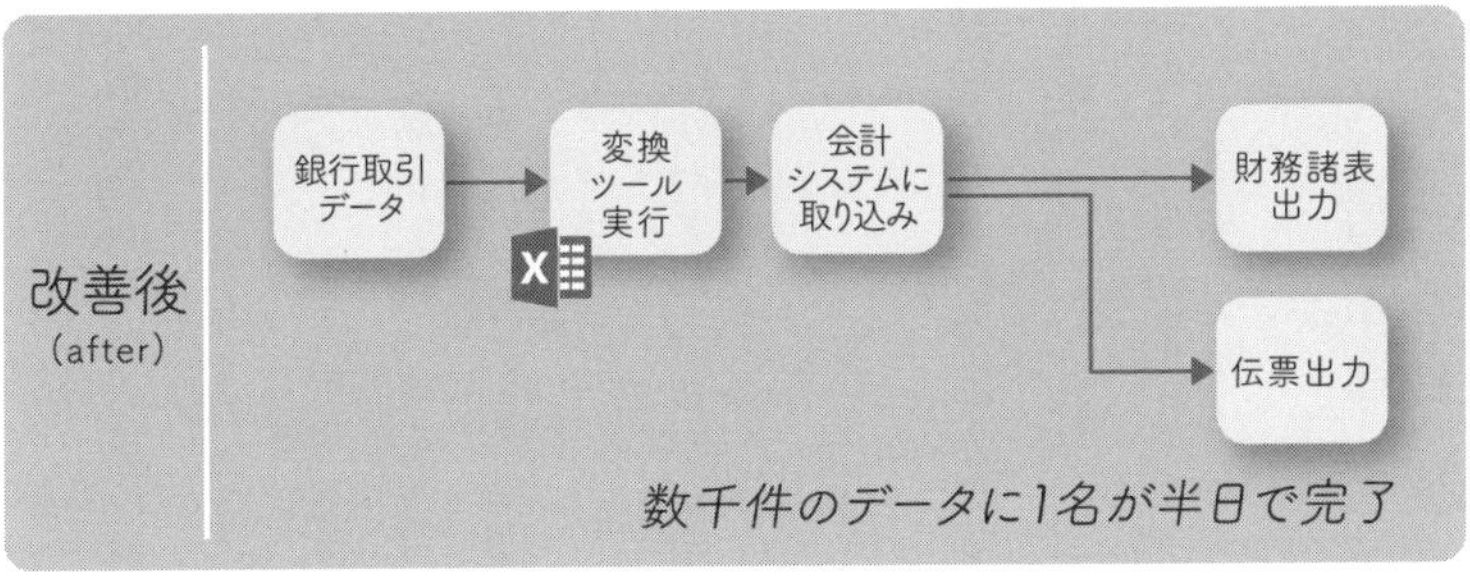

かかわらず、そのデータは使用せず、通帳記帳後に目で確認しながら会計システムに取引データを手入力という状況で、さらに別の事務員は複写式の手書き伝票を作成し、会計システムに入力されたデータと照合（目視）することで入力ミスを防ぐようにしていたのです。

つまり、これだけで

Ａさん：会計システムに入力する人

Ｂさん：手書き伝票を作成する人

Ｃさん：会計システムと手書き伝票を照合する人

３人ものリソースがかかっていました。

しかし、このツールを使用することで１人が数分作業するだけで業務が完了することができました。時間と人的リソースの圧倒的な短縮に寄与したのです。

しかもこれらのツールは複雑なマクロを組み込んでいるわけではなく、全作業員が理解できる仕組みにしました。そのため、作業手順を全員で共有し、当番制を取ることで既存のメンバー全員で運営できるようになったのです（銀行口座が増えたり、勘定科目が変更したりした場合も、ツール自体の改修が容易になっています）。

ヒアリングから導入まで3ヶ月で完了し、結果的に3つの改善効果が得られました。

1　150％の作業スピードアップ

入力処理だけで3営業日かかっていたものが翌営業日には財務諸表が出来上がっている状態になりました。

2　95％の工数削減

4人の従業員が、1ヶ月のうち、伝票入力や手書き伝票作成にそれぞれ24時間ずつかけていましたが、（4人×24時間＝96時間／月＝12人日）

改善後は、1人の作業員だけで4時間／月（0.5人日）で収まるようになりました。

3　正確性の向上

会計システムへの手入力と手書き伝票作成という手作業がなくなり、これらの二重作業によって生まれていた照合作業もなくなりました。ツールによって正確性が向上したのです。

課題を見つけ、解決するだけではなく「どうすれば作業者がストレスなく日常業務をできるか」にも注目し進めた本プロジェクトは、お客様からも良い評価をいただけたものとなりました。

★・・・・・★

顧客の要求にすべて応えても運用できるとは限らない

前項で、「お客様からの要望通り作ってもうまくいかない、それはシステム視点が足りないから」というお話をしましたが、さらにもうひとつ理由があります。

それは、「お客様の要望には実は必要のない作業が含まれているから」です。

いったいこれはどういうことなのでしょうか。

みなさんは、「ストーンキャット」という言葉を聞いたことがありますか？

ストーンキャットの由来はこんなお話からきています。

ヨーロッパの古い教会で、神父さんが野良猫を飼っていました。

神父さんが礼拝堂でお祈りするとき猫が邪魔をすることがあったので祈りをささげるときには紐で猫を祭壇の脚に結びつけていました。

やがて、この神父が亡くなり、二代目の神父がその猫を受け継ぎました。同じように祈りをささげるときには祭壇の脚に結び付けていました。そして、猫が死んだ後、今度は別の猫を飼って同じように礼拝堂でお祈りする時は紐で猫を祭壇の脚に結びつけていました。

三代目の神父はいつも猫を祭壇の脚に結び付けていた二代目にならって、自分も新しい猫を飼って同じようにお祈りをしていました。

四代目の神父は猫を飼うのが面倒だったので、猫は飼いませんでした。しかし、先輩が続けてきたことなので、石で猫の像を彫刻家に作らせました。そして、祭壇の脚に結び付けられた猫の像（ストーン・キャット）ができました。

五代目の神父は礼拝堂にある石の猫がなぜそこにあるかわかりませんでした。お祈りのいろいろな動きに邪魔になると思ったので、祭壇の上に場所を移動しました。

六代目の神父は先輩の神父が祭壇の上におかれた猫の石像に祈っていたので、通常のお祈りに加えて猫の石像に向けてお祈りをするようになりました。

それ以来この教会では猫の石像は聖なる存在となり、教会の守り神として神父や修道士だけでなく、一般の人にも拝まれる存在となりました。しかし、なぜこの教会の守り神が猫なのか、誰も知りません。

つまり、ストーンキャットとは転じて「なぜやっているのかわからないけど、前の担当者も続けてきたからやっている作業」のことを指します。そしてこのストーンキャットが多くの企業で存在しているのです。

私が担当した企業でも同じようなことがありました。行っている業務をヒアリングしていくと、「データの間違いがないか二重チェックしている」というのです。

さらに聞くと「30年前、FAXの時代のときに○○部長から二重チェックしろと言われていたのを未だに続けている」との回答だったのです。

私はこれこそ「ストーンキャットだな」と感じ、こう返しました。

「今はFAXでやり取りしていないですし、このデータチェックもシステムで自動的に行えばいいですよね。その二重チェックにかけていた人員も時間もいらないですよね」

そういうと「たしかに…」と納得されたようでした。

実はこういった事例は企業の中に山積しています。こういったストーンキャットを発見せずにただただお客様からの要望通りにシステムを組んでしまうと、「この機能いらなかったんだよね」と言われてしまったり、さらには「このツール動かないんですけど…」といったトラブルに発展するケースもあります。

「顧客はわかってない」と言うとちょっと言い過ぎかもしれませんが、「顧客の要求を全部受けてもいいものはできない」と思っていた方が良いでしょう。

それよりもヒアリング時に情報を整理して、必要な機能といらない機能を取捨選択するスキルがＰＭＯには求められるといっていいでしょう。

こうしたストーンキャットのような現象は、企業の中では起こりがちです。社内的に続けてきたものを自分の代でいきなりやめたり変更したりするのは、抵抗感が生まれることもあるでしょう。

そもそも「やめた方がいい」と言いづらい場合もあると思います。とくに少人数の会社であれば、合理的・効率的に進めるよりも仲良く無駄な作業をやり続けるっていうことの方が大事な場合もあるからです。

しかし、競争化が激しいこの時代に、そういったことも言っていられないでしょう。だからこそ、私たちのような外部ＰＭＯが社内的に言いづらいことを代弁する、そんな活用の仕方もあるのです。第三者から指摘されると、社内も波風が立たずにプロジェクトを進行できる。外部のＰＭＯを使うメリットはこんなところにもあるのです。

7

システムは言われた通りに作ってはいけない

ユーザー企業はやりたいことがわからない

これは、「顧客が本当に必要だったもの」という風刺画です。システム開発において各担当

出展：Alexander C 著、官本雅明訳「オレゴン大学の実験」鹿島出版会

者の認識が異なり、「顧客が本当に必要だったもの」とまったく違うものが出来上がってしまう様子をあらわしています。実はこの認識のずれはユーザー企業とベンダー企業でミーティングをする段階から起こっています。

では具体的な事例で考えてみましょう。

みなさんの会社に、お客様から「顧客管理システムをつくりたい！」という依頼がありました。このときお客様は「顧客管理システムをつくって、そこにリストされているお客さんにダイレクトメール（DM）を出して、商品を買ってもらいたい」といった漠然としたイメージしか持っていませんでした。

しかし、ここで本当にお客様が求めているものは、「ただDMを出せるだけの顧客管理システム」ではありません。

「顧客管理システムにメルマガ発行機能を搭載し、メルマガへの反応回数や購入商品・頻度・金額を分析することで、買い足し・買い換えのタイミングを狙って、セールや新商品案内のDMを出すことができる。そうすることで、販売機会が今より35％上がり、最低でも50％の売上増が期待できる。これらをすべて自動でおこなうシステム」が本当に求めているものだったのです。

しかし、お客様はこのような言語化はできません。つまり、言語と本心が食い違っている状態なのです。このとき、制作側がお客様の言葉を額面通り受け取ってしまうと、さきほどの図にあるような「お客様が意図していないシステム」ができあがってしまうのです。

だからこそＰＭＯは、「システムを導入するとどうなるのか？」を可視化し、お客様の意図に沿った提案をしなければなりません。

もちろん、ベンダー企業の使う用語が専門的すぎて、ユーザー企業の担当者が理解できないという場合もあるでしょう。しかしながら、ユーザー企業の側も、「自分たちの欲しいシステムがどのようなものなのか、正確に言語化できていない」というケースがやはり多いのです。

意図に沿った提案はお客様以上にお客様のビジネスをわかっていなければ、できないことでもあります。そのため、ＰＭＯは普段から顧客企業の業務、商品・サービスのターゲット、経営課題、経営計画、過去のマーケティング履歴、競合の状況などを研究し、ヒアリングの中でしっかり確認することが必要です。

ＰＭＯは「何でも屋」と言われることもありますが、私に言わせれば「何でもできる屋」です。不可能を可能にするソリューションを多数持っているため、中小企業から大企業に至るまでの、様々な経営課題を解決する立役者として活躍できるのです。

「そうそう、そういうのが欲しかったんだ！」と言われるようなものをどれだけ目の前に差し出せるか。そこにＰＭＯとしての面白さとやりがいがあるのです。

失敗したらどこまで責任追及されるのか？

よく駆け出しのＰＭＯに「甲州さん、もしプロジェクトが失敗したらＰＭＯは責任追及されるんですか？」という質問をされますが、私はいつも「責任追及はされないよ」と答えています。

さらにこう付け加えています。

「責任追及されないからこそ、自分事として取り組まなければならないんだよ」と。

というのも、ＰＭＯは仕様決定の際に注意喚起や案出しはするものの、実際できあがったプロジェクトの良し悪しを最終的に判断するのはお客様であり、お客様が使用するシステムを作り上げるのはソフトウェア会社のエンジニアです。

エンジニアとお客様の間を取り持つＰＭＯは、直接的な責任追及には結びつかないのです。もしシステムに何らかの不具合が起こっても、お客様からすると「システムを作ったのはエンジニアなので、不具合やトラブルはエンジニアの責任だ」という印象が強いのです。

仮にプロジェクトが上手くいかなかったことで、ＰＭＯに向かって苦言を呈される場合も「しかし、納得してＯＫしたのはお客様ですよね」と言ってしまえば、お客様は納得いかないまでもそれ以上責められることはありません。

言い方は悪いですが「ＰＭＯはどこまでも言い逃れができる」存在なのです。

しかし、このような心構えを持っているようでは、プロジェクトを進行上メンバーからは「ただ管理だけやっている雑用係」くらいにしか見てもらえないでしょう。

エンジニアからすれば会議に参加して当たり障りのないことを言ったり、議事録をとったり、あるいは「ここが変わったから見ておいてください」といった改定メールを送っているだけの人くらいにしか見えないのです。

それが常態化すると「あの人、議事録作って送るだけの楽な仕事をしているな」「いいよなそれでお金がもらえて」という風に見られてしまいがちです。

このような言い訳や心構えをあなたがもししている場合、おそらく責任追及をされる前にプロジェクトには存在しておらず、すでに契約が終了となっているはずです。

一方ＰＭＯ本人も直接的な責任を追及されない仕事なので、成果がわかりにくく、手ごたえを感じられないと「俺、雑用をやっているだけだな…」と感じることもあるはずです。

実際、責任感を持ってやっているか？と問われると「責任感を持っている」と答えられるＰ

MOは少ないのではないでしょうか。しかし、前述したように責任追及されないからといって責任感を持たなくていい、ということにはなりません。あるいは、「どうせ雑用係なんだから、やってもやらなくても同じだろう……」などと腐っている場合ではありません。

お客様とエンジニアの間に立つPMOだからこそ、両者が見えない「問題点」や「認識のズレ」を理解し伝えなければならないのです。

例えば会議に出席していて「両者ともこの問題について話し合ってないからここをもう少し話し合って決定した方がいいな」ということも見えてくるでしょう。

ときにはプロジェクト責任者から突っ込まれることも予想して、自分が「責任者だとしたら多分こういう視点が必要だ」とか、「このステップではこういうことを考えておかなければならない」といった責任者視点で課題点に突っ込んでいく姿勢も必要でしょう。

「プロジェクトをどう進めるのか」という主体的な考えと責任感を持って取り組めば、お客様やエンジニアを見る目が変わってくるものです。

議事録を配信するときに、議論し忘れていた項目に対して指摘したり、プロジェクトで使用する情報に、プラスαの情報を発信するといった取り組みを続けたりすることで「あ、このP

ＭＯは一味違うな」「ＰＭＯがいるからスムーズに仕事ができているんだな」ということに気づき、ＰＭＯの存在を改めて認識してくれるメンバーも出てくるはずです。

ＰＭＯは、縁の下の力持ち的な存在ですが、責任感を持って仕事をこなしていきましょう！

★・・・・・★

現場の報告を鵜呑みにしてはいけない

ＰＭＯは現場の担当者から進捗報告を聞き、それをもとにスケジュールやタスクの調整をする仕事ですが、ときにその報告の中にごまかしや嘘が混じっている場合があります。

例えば、あるプロジェクトを進行していて、週次の報告や定例会議では、「問題なく開発が進んでいます」と言っていたのに、テスト環境に乗せてテスト工程に入る段階になって「実は作りこみが終わっていなくて乗せられません」というような状況がその典型例でしょう。

理由を聞いてみると「実は○○の仕様が決まってなくて手が付けられませんでした」とか「着手するのに実はツールが入手できてなくて」「その前段階の環境が用意されてなくて」という言い訳じみた説明がはじまるのもまた、よくあるパターンです。

ではなぜ今までの進捗確認では問題なかったのに、最後の最後にこんなことが起こるのでしょうか。

その理由は簡単です。「どうやって報告したらいいのかわからないから、その場を乗り切るために大丈夫と言ってしまう」「怒られるのが怖いから先延ばしにしてしまう」という心理からこのような事態が発生してしまうのです。

ＰＭＯとしては、このような事態を何よりも未然に防がなくてはなりません。

では、これを防ぐ手立てはあるのでしょうか。

そういうと「報告を疑う必要があるのでしょうか…?」と聞いてくる方もいらっしゃいますが、疑う必要もまた逆に信用する必要もありません。

ここでは「実際に現場を見に行って自分の目で進捗を確認する」が正解です。いわば受け身ではなく「攻めの進捗管理」をすればよいのです。

先ほどの例で解説すると、会議で「問題なく進んでいます」と報告が上がってきた場合、まず会議での報告はその場しのぎの信頼できない情報が混じっている可能性があることを予め意識しておきます。

つぎに「わかりました、そうしましたら今つくっているプログラムを出してもらえますか?」とか「お渡しししている管理表を見せてもらえますか?」と尋ねます。

進捗を把握し終わっていないタスクが判明した際にはこう聞きます。

「あ、○○さん終わってないところってどうやって管理しているんですか?」と。さらにタスク担当者の作業現場を見に行きます。

実際にその人たちが作業している現場を見て、「あ、今こんな状況なんですね。わかりました」といって遅れを自分の目で確かめることができます。

翌週、再度現場を見に行って「先週はここまでできていましたけど、○○さん、どこまで終わってますか?」と聞きに行く。

すると「この人はだいたいでき上ってきているんですけど、この人は全然進捗出てないんですよね」ということがわかり、今度は「じゃあこの進捗が上がっていない人の作業を見せてもらいますね」というように進捗を追っかけていけばいいのです。これなら、疑うことも信用することもありません。「確認」がすべて。ここまで行ってはじめてスケジュールの管理ができたといえるのです。

ツールやリモートで作業を「効率化」するのは大切ですが、ときにこうやってアナログで顔を突き合わせて確認することはさらに重要です。相手のストレスを減らしひいては相談しやすい環境を整えることができるからです。

オフィスで集まって開発することがなく、リモートで開発している場合も同じです。むしろ作業履歴がすべて把握できるので定量的な状況はほぼリアルタイムで把握できるはずです。リモートで開発している場合は、ソースコード管理ツールや共有フォルダなどで更新状況がすべて把握できます。コミット回数や更新頻度、プログラムの更新差分、仕様書の変更履歴などを見れば作業がどの程度進んでいるかは定量的に把握できるはずです。使用しているツールの機能を最大限に活用して定量情報を一気に収集しましょう。

自ら進捗を追っかけることができれば、タスクの遅れそうな兆候をとらえ、「どう調整したらその遅れを発生させないか」という提案まで行うことも可能になります。「受け身」ではなく自ら行動して情報をとりに行くことも忘れずに行いましょう。

ＰＭＯは「失敗を繰り返させない」のが仕事

よくある勘違いとして、「ＰＭＯは失敗させないことが仕事」ととらえている人がいます。もちろん、大きな失敗はしないに越したことはありませんが、前述してきた通り、プロジェクトは失敗しない方が難しいものです。

「計画通りに進まない」といったものや、リリース後に起こる不具合などの小さな失敗から、結果的にプロジェクト自体が消滅してしまうような大きい失敗もときには発生します。どんなに先手を打ったとしても人が介在して作業をする以上、やはり「やってみないとわからない」こともあります。失敗が起こるのはある意味仕方のないことです。

しかしそこで「今回は運が悪かったね」「今回はたまたま偶発的な不運が重なったからだよ」と言って失敗を振り返ることもなく、そのままひとつの経験としてしまうのはとてももったいないことです。

では、ある飲食店の店舗の例で考えてみましょう。
全国の店舗から情報を収集し、売り上げ状況を確認・分析する業務がありました。担当者付きでシステムを使って作業しているのにも関わらず、月の前半はグラフが作成できて、後半は作成できなかった、という問題が起こったのです。
このときなぜそのような状況に陥ったのか、原因を追究するのがＰＭＯの役割です。
すると「前半は○○さんがグラフを作れていたから大丈夫だったけど、○○さんがいない日はグラフが作れなかった」ということが判明しました。（システムはデータを出力するだけで、確認・分析をするのは、人間の仕事でした）
対策でよくありがちなのは、「担当者を2人体制にして1人が休んでも大丈夫なようにしよう」という対策です。もしもこのような対策を行い、システムを使用し続けていたとしたら、同じような問題が再度起こるはずです。
そこで、私がとった対策は、明日から自動化できる短期対策とシステムに組み込んでいく長期対策を考えることで事なきを得たのです。（担当者がやることは、出てきた結果から分析をする仕事に変わりました）
ＰＭＯは「失敗の要因を分析すること」「同じ失敗を繰り返させない仕組みを作ること」までが仕事です。

間違っても「個人のスキル不足やミスが失敗の要因だ」で片づけてはいけません。失敗を繰り返した場合、「失敗を繰り返させるような環境に要因があった」と考えてほしいのです。

要因分析をしてみると、「たしかにＰＬからの報告を鵜呑みにしないで自分自身でもちゃんと確認すべきだった」とか、「１ヶ月ごとに進捗確認をするのではなくてこまめにチェックポイントを設けて納品させるべきだった」といったＰＭＯ自身の反省につなげることもできます。

厳しいことを言うようですが、たとえ相手が悪かったという状況であっても、「自分が何か対策を講じることで失敗を防ぐことができなかったか」「その環境を作り出した自分に責任がある」と考える癖を持ってほしいのです。

このような自責思考は、一朝一夕では身につきません。また、ときには「本当は自分のせいじゃないのにな」と思ってしまう場面もあると思います。しかしながらそういった失敗を糧にしながら進んでいくことで、あなたは求められるＰＭＯへと近づいていくはずです。

「PMOチーム間の連携不足」で大規模プロジェクトが失敗

大規模プロジェクトの場合、いくつかのチームが発足しそれぞれにPMOが置かれる場合があります。

このとき、注意しなければならないのがチーム間での連携です。とくにPMO同士の連携は密にすべきです。なぜなら連携が行われないとPM、PLに負担が集中しプロジェクトが失敗する可能性があるからです。

ではどうしてこのような事態に陥ってしまうのか。その多くが「PMOがきちんと役割を果たしていない」ことにあります。

例えばPMOとは名ばかりで、実質必要な情報収集はPM本人がやっているケース。あるいは、「PMからこう言われたんでこのようにやってください」とPMOが単なる伝書鳩になっているケース。これではPMO業務とはいえず「何を連携すればいいいか」もわからないでしょう。

連携ができなくなると、役員ミーティングの時に「あれ、これは〇〇チームが行うって言ってませんでしたっけ?」「○○チームができていないので、うちもできていません」といった行き違いが頻繁に起こります。結果プロジェクトが進まずに、時間だけが過ぎていきプロジェクトは失敗するのです。

ここでの問題点は2つです。

1つは、「チームの連携がいかに進行に影響を与えるか」を把握していなかったことです。大規模プロジェクトは、チーム単位で動いておりそれらのチームは相互に結びついています。つまり、チームの1つのミスや遅れが他のチームにも影響するのです。

もう1つの問題点はPMに本来業務をさせなかったことにあります。PMはプロジェクトの方針を決め、全体を動かしていくのが役割です。しかしPMが管理業務まで行うことになれば当然時間的制約が多くなり、考えるべき方針策定に時間がとれません。方針について突き詰めて考えることができずプロジェクトは失敗するのです。

では、どのような状況がベストなのか。

大規模プロジェクトの場合、PMOがあらゆる情報収集を行い「今こういう状況で、このようにプロジェクトは進行しています」とチームのだれもが進捗を把握できる状態です。そうすればPMは、仮にお客様側やシステムベンダー側で課題が出てきたとしても、何が問題で順調に進んでいるのかが立ちどころにわかり、解決するために「何をすべきか」がスムーズに導けるようになります。

こういった連携ミスを防ぐために一番大事なのが「プロジェクト計画書」です。

中でも、どのような方法で状況を把握するか、報告の方法はどうするかといった管理の手法を統一しておくことがもっとも重要です。

具体的に言えば、進捗報告であれば、「何件中何件終わって、期限切れは何件あって期限切れがあった場合はこのように対応します」というフォーマットをあらかじめ作成しておく。またチームごとに必要箇所を埋めてもらうだけで報告が完了するといった仕組みをつくっておくことです。ほかにも課題の管理方法や会議体の運営方法などをプロジェクト計画書の中に含めておきメンバー全員に周知徹底させること。

細かいことですが、このような取り決めをしておくことでＰＭＯ同士の連携もはかりやすくなり、プロジェクトの成功率はぐっと高まるはずです。

トラブルはいつも〈決められた工程（WBS）の外〉で起きる

今、プロジェクト計画を作るという話をしましたが、プロジェクト計画の中には全体スケジュールの中で「○○さんがこの作業をする」という風に担当者のタスクが書かれたWBS（Work Breakdown Structure）というものがあります。

このWBSがあることで、誰がどの作業をどれくらいで行うか、あるいはどの作業がいつから始まるのかが一目瞭然にわかります。

プロジェクト計画書と同様にこのWBSをつくるわけですが、大体の場合予定通りにはいきません。

スタート時にはこれくらいのスケジュールで行けそう、と思っていたものの「よくよく話を聞いてみたら、それでは収まりませんでした」という場合や、「このプログラムは◇◇さんを任命していましたが、途中で退職しました」というケース。さらには「依頼していた会社が倒産してこの部分の工程を担当する作業者が全員いなくなりました」など、当初想定していなかったことが起こるのです。

「そんなこと本当にあるの?」と思われる方もいらっしゃるかもしれませんが、私が経験してきた中でもプロジェクトの規模が大きくなればなるほどこうした予想外のケースは起こりやすくなります。

問題はいつも「WBSの外で起きる」のです。

しかし、問題が起こったからといってプロジェクトを止めるわけにはいきません。そこで大事なのがリスク管理と課題管理です。

たいてい、何か問題が起きたときに、管理表を作り出したりリスク分析をし始めたりするのですがそれでは遅いのです! 問題が起きる前に前もって予想外のケースが起こった時のプランB、プランCを用意しておく。

それが優秀なPMOといっていいでしょう。

では適切なリスクヘッジはどのようにすればいいのでしょうか。

私が行った事例をご紹介します。

例えば、システム開発のプロジェクトが立ち上がり、お客様と開発業者で話がまとまりスタートすることになった、としましょう。

そこで開発業者から「担当には鈴木を出しますのでよろしくお願いします」と言われたとします。そこで私は、開発業者にこう聞いておきます。

「御社には鈴木さん相当の人材があと何名いらっしゃいますか? 仮に鈴木さんが対応できなくなった場合、同じような仕事できる人はいらっしゃいますか?」

そのときに業者から「鈴木ほどできる人はいません。鈴木は当社の最上級エンジニアです」と言われた場合、注意しておきます。

「最上級エンジニア」というのは一見聞こえはいいですが、その半面鈴木さんが対応できなくなった場合、にっちもさっちもいかなくなってしまう可能性があるからです。

さらに私はこう聞いておきます。

「鈴木さんレベルの方がいらっしゃらない、ということでしたが会社としてノウハウは体系化されていますか?」

このように聞いて相手方から「うちのノウハウは体系化されています。また、他社と連携して業務を進めることも標準化されています。ノウハウも属人化していません」という場合は、「もし鈴木さんが対応できなくなっても代わりに対応できる方がいる」という判断ができます。(前述したとおり、話を鵜呑みにするのではなく、標準化のドキュメントやテンプレートのサンプルなどを可能な範囲で提示してもらい、話が本当かどうかを確認します)

このように「万一のときどう対応するか」を考えたうえで相手にヒアリングしておけば、「不測の事態のときの対応策」をＰＭＯ自身で決めることができます。

プロジェクトにトラブルはつきもの。むしろ「トラブルがあって当然」という心構えで準備しておきたいものです。

お客様視点、トレンド視点、一般視点をもつ

本章では「システムは言われた通りにつくってはいけない」ということをテーマに話をしてきました。お客様が言葉では言わないことを汲み取ること、またシステム上「これは不要だ」という判断をすることがＰＭＯには求められます。

では、こういった判断はどうすれば身に付くのでしょうか。そこで大切なのが「お客様視点、トレンド視点、一般視点を持つ」ということです。

お客様視点とは、「お客様がどういうことを思っているか、どういうスタンスなのか、どういうパターンを持っているか」という部分です。ここで言う「お客様」とは、契約するあなたから見たお客様という意味です。

そのお客様にはさまざまなケースがあるでしょう。例えばＥＣサイト、金融関係、メーカーなど。まずは自分が携わってきた業界のお客様の情報をできる限り集めてみることです。そうすることで、今お客様が置かれている状況、市況感などがつかめてくるはずです。

トレンド視点とは、その名の通り「今どんなことが社会で起こっているか」に着目することです。普段生活していれば、さまざまな情報に触れるでしょう。テレビや動画、さらにはネット広告などから、「今これが流行っているんだ」「話題になっているんだ」という内容をキャッチしておくこと。これがトレンド視点につながります。情報収集は複数の媒体を使って偏りがないようにして、自分自身で考えて把握するようにしましょう。メディアに流れてくる情報そのものの把握だけでなく、企業が行うメディアへの情報の流し方などにも視点が移るとさらに深く把握することができます。上場している企業であれば、決算報告書やその企業の歴史から見えてくる企業・事業発展の流れ、などです。現在自分の所属している企業やお客様、取引先企業などをこのような視点で捉えることこそが市場全体の流れの中でどの位置に存在しているかを把握するトレンド視点といえます。

一般視点とは、「一般消費者、エンドユーザーの視点」と言い換えることができます。すなわち、実際サービスを受ける側の視点に立ってみることです。といってもこれは多くの場合、経験しているでしょう。例えばECサイトで商品を選ぶ、購入する、実際にその商品を使ってみる、という一連の流れを体験することで「サイトは見やすかったか？　購入しようと思ったのはどんな点だったか？」など多くの気づきを得ることができます。

少なくともこの3つの視点を持つことで、新しい考えが生まれたり、あるいは自分たちが行っている作業を見直したりするきっかけになります。

この視点がひいてはプロジェクト全体にいい影響を与えるのです。

さらに付け加えると私はPMOとして日々次の4つの「目」を見ることも意識しています。

・広い視野を持ち、大局を見る　鳥の目
・深く、細部にわたってさまざまな角度から物事を見る　虫の目
・時代の変化、歴史や習慣などの流れを見る　魚の目
・物事を反対側から見て発想を転換させる　コウモリの目

この4つの「目」を持つことでお客様を俯瞰的に見ることができて問題点を発見しやすくなると考えています。

私はこれまでに多くのプロジェクトに携わった経験から、あたかも「何でも知ってますよ」という風に話していますが、一方で「たかだかあなたの経験レベルで何を語っているのですか?」という「鏡に映る自分自身の目」で自分を見る視点も持っています。

経験豊富な分、「過去これでうまくいったから、これで今回もうまくいくはずさ」という自分自身を過信したバイアスがときにプロジェクトを失敗させる原因になるからです。

さまざまな視点を持ち信頼されるＰＭＯを一緒に目指していきましょう！

どんな時代でも
生き残れる実力をつけよう

フリーランスは営業・事務・サービス提供・戦略(キャリア形成)をすべて1人で行う

私は今でこそ法人経営をしていますが、約15年間、フリーランスとして一人で仕事をしてきました。営業、契約、サービス提供、会計、各種事務処理をすべて一人でこなしてきたわけですが、この話をするとほとんどの人が「大変ですね」「私にはできません……」といいます。

しかし、私は正直なところあまり大変だとは思いません。

フリーランスとして不可欠な一連の業務を自ら効率化し、こなしてきたのです。

私がなぜこのような業務を専門家等に依頼せずに一人でやってきたか。

それは、「すべての経験がひいてはお客様への提案につながり、自分のスキルアップにもつながる」と思っていたからです。

例えば税務処理を税理士などの専門家に頼む、そんな方もいるでしょう。そういった判断を否定するわけではありませんが、もし依頼してしまえば「税務知識を学ぶチャンス」が失われることにもなります。

当然税務や取引についてわからなければ自分で調べたり、あるいは有識者に聞いたりするでしょう。こういった作業は一見無駄でキャリア形成に遠回りのようですが、じつは大事なスキルアップにつながります。

とくにフリーランスの場合は、会社員と違って明確なスキルアップやキャリア形成がありません。さらにフリーランスは組織に属していないため、「会社組織がどう機能しているのかほとんどわからない」「部署がどんなことをしているのか想像がつかない」といった狭い視野に陥りがちです。

そういった社会的な感覚から外れないためにも、営業、会計、サービス提供を行うことはいわば「会社における業務の流れを知る」ことでもあるでしょう。

結果的に今、これらのことを自分の力で行ってきてよかったと思っています。自身の体験がプロジェクトメンバーとコミュニケーションをとる際の話題になるからです。

「甲州さん、今僕転職考えているんです。10年間ここで働いてるんですけど、この会社しか知らなくて。フリーランスとかってどうなんですか?」

こんな質問をされたときに、会社員とフリーランスとの違いをはっきり話せる。メリット、デメリットについて語れる。

これだけでも、メンバーと意思疎通をはかるきっかけになります。

あるいは、プロジェクトの中で「営業事務」の方に仕事をお願いする場合も同じです。もし、自分が営業関係をすべてアウトソーシングしていた場合、ゼロから営業事務について知らなければなりません。

しかし、自分である程度営業も営業事務も行っていると、「あ、こういう事務処理が発生するな」「事務処理でこういうところが課題だな」という点が言われなくても見えてくる。つまり、ＰＭＯとしての業務にフィードバックされてくるのです。

だからこそ、自分から学ぶ機会を手放してはならないのです。


現在、私は営業を、Ｗｅｂサイト・ブログ運営、顧客管理を、外部サービスや自社のデータベースを使い、契約はすべて電子契約で行い、各種事務処理を半自動的にシステムが行っています。

さらにはオンラインでの予定調整、リマインド、会議運営、記録をほぼ自動化しています。

社長秘書や事務局と呼ばれる人間が対応していた業務は、私の場合、システムが自動的に行ってくれます。システムを活用して業務を効率化することは自分の業務時間を確保することにもつながります。積極的に取り入れていくべきでしょう。

少し話は飛躍してしまいますが、フリーランスで生き残っていきたいと考えているならば、やはり好奇心や積極性がかなり重要になってくると感じます。

「面倒くさい作業は他の人に依頼しよう」とか「やりたくないから、アウトソーシングしてしまおう」ということばかりしてしまうと、自分の可能性もまた狭めてしまうからです。

知識がなければないなりに、積極的に取り組む姿勢が重要だと思っています

やりたくない事務作業を「面倒くさい」と思うのか。

それとも「まあ面倒くさいけどちょっとだけでもやってみるか」と思うのか。

「やってみるか」という意識で取り組んでいただければと思っています。

なぜフリーランスなのに上場企業と直接取引できたのか?

私はフリーランス時代、上場企業といくつも直接取引をしていました。

しかし、これは経験あってのこと。フリーランス1年目から上場企業と契約するのは、元々勤めていた企業との契約という場合でないと、難しいかもしれません。

私はどのようにして取引が始まったのかというと、過去にプロジェクトで仕事した方が転職され、そこが上場企業だったという経緯からです。

「以前のプロジェクトでいい仕事をしてくれたから」という評価をいただき、ジョインしたのです。

さて、上場企業と実際に契約を開始するときには多くの場合手続きが必要になります。

例えば、法務部署によるリーガルチェック、情報セキュリティ部署によるセキュリティチェック、信用調査、取引履歴、決算実績など、その項目は多岐にわたります。

では具体的にどんなことをチェックされるのか、例をあげてもう少し解説してみたいと思います。

まず法務部署によるリーガルチェックです。ここではあなたの信用度をチェックされます。どれくらいの実績があるのか。それを示す取引履歴や決算書、これは個人事業主であれば確定申告書、必要があれば納税証明書、取引実績の照明として見積書や請求書等がありますので、準備しておいた方がよいでしょう。

まずはこの提出書類を出さなければ契約することはできません。

つぎに情報セキュリティ部署によるチェックです。ここでは、使っているパソコン端末のセキュリティをどれだけ管理しているか、取り扱う情報をどういう基準で管理しているか、といった企業でいうところの社内規定のようなものを要求されることがあります。

例えばアカウントのパスワードの付け方をどうしているか、メールで情報を送信するときのルール、端末を運用するときの基準はなにか。細かく言えばプライベート用と仕事用で端末を分けているかなども問われます。

フリーランスの場合、そこまで準備していることはほとんどありません。

仕事用の端末にプライベートのＳＮＳアカウントが入っているという場合はあらかじめ外し

ておいた方がいいでしょう。システム開発の現場で働いたことがある方であれば一度は耳にしたことがあると思いますが、仕事用の重要な情報や取引先の個人情報が入った端末を持って飲み屋に出かけて紛失するという最悪のケースは多数起きています。そうならないためにどんな対策をしているか。個人のセキュリティ意識を企業は見ているのです。

ここまで契約を締結するにあたり要求される事例を挙げてきましたが、当然取引先によって要求されるものは異なってきます。

場合によっては「これはどういう意味で聞かれているんだろう」「この企業の基準はなんだろう」と要求されているものがわからないこともあります。このとき重要なのが、「わからない事柄は素直に聞く」ということです。

要求された書類が分からなかったとして、その提出は無理だと諦めるのではなく、教えていただく姿勢で素直に聞いてみることで、契約締結への道が拓けることがあります。

どういう資料なら納得いただけるのか、どういう添付資料が必要なのか、書き方がわからなければ書式のテンプレートや記載事例はあるのかといった具合でも良いと思います。

ちなみに一番ドキッとするのが「過去5年間の赤字のない決算書を出してください」という場合ですが、これは裏を返せば「5年間赤字がないことが最低条件」ということがわかります。

提出のときに達成していなかったとしても、別の上場企業との契約を目指すうえで今後5年間で赤字なしを達成しておくように準備しておけばよいのです。

上場企業との取引はフリーランスにとって「何を求められているのか」それを理解できるきっかけでもあるのです。

トップPMOは時間とお金から自由になれる

「トップＰＭＯは時間とお金から自由になれる」、これはまぎれもない事実です。

そういうと、「南の島で遊んで暮らして高級車を乗り回せるんだ」というイメージを持つ方もいらっしゃるようですが、そうではありません。高単価の業務で高パフォーマンスを発揮すれば、時間とお金を気にすることがなくなる、という意味なのです。

みなさんもちょっと考えてみてください。

億単位のお金が自由にあるからといって、本当に豪遊することを望んでいますか？

「時間が自由にあるから」といって、仕事をしないでずっと遊びほうけていることを本当に望んでいますか？

中には、「5億、10億稼ぎたいよ」という方もいらっしゃるでしょうが、「もし毎月10億稼いだらどうしますか？」と問われると、なかなか使いみちが思い浮かばないのではないでしょうか。

私の場合、たとえ時間とお金が十分にあっても、仕事をしたくなるのだろうな、と分析しています。

新しいプロジェクトを進めたり問題解決をすることは、お金では買えない価値があります。お客様に喜ばれたり、プロジェクトに貢献したりして、達成感を得ることは純粋に楽しいもの。やはり、プライベートの時間とバランスを取りながら仕事をするのがベストなのではないでしょうか。

十分生活ができて、貯蓄や投資ができるだけの稼ぎがあれば、お金のことを考える時間を仕事の時間に費やすことができます。さらに実力が備われば、今度は企業からあなたを指名して声がかかるようになります。これこそが、ＰＭＯとしてのひとつのゴールなのではないでしょうか。

「ライフワークのために仕事をする」ということではなく、「お客様が喜ぶ」とか「プロジェクトを通して一つでも二つでも課題が解決する」といったところに喜びや達成感を感じるよう考え方をシフトしていくと、「お金のために働く」とか「プライベートを犠牲にして働く」といった苦しい考え方から抜けだすことができます。

そのためには、繰り返しになりますが「自分に実力をつけること」がもっとも近道なのでしょう。お金や時間に縛られず、「喜びや楽しさを感じる働き方を目指す」ことがいわゆるエンジニアの「ブラック労働」を解消することにつながるのではないでしょうか。

私の「フリーランスPMO採用術」

フリーランスになって15年、これまでSI企業やコンサル会社、事業会社の方々と一緒に仕事をしてきました。

PMOとしての経験を積み重ねていった結果、私の元には「うちのプロジェクトを手伝ってくれませんか」という依頼が月数十件、多い時で100件近く寄せられています。

「一緒に仕事をしたい、だけど手が足りない！」という状況からお断りすることも多くなり、私は「このままではいけないな……」と思っていたのです。

そんな折、コロナ禍が始まり、社会全体の動きが鈍くなってしまいました。そのあおりを受けてか、知り合いのフリーランスPMOから「甲州さん、企業から契約を切られてしまったので、なにかポジションありませんか？」という連絡をもらうことも増えてきたのです。

「これまでお断りしていたプロジェクトの仕事を受けられる」ことと「PMOに仕事を提供

できる」という2つのニーズにこたえられると感じ、私は法人を立ち上げ現在複数のPMOとともに多くのプロジェクトを手掛けています。

ＰＭＯの採用は、採用基準の決定から面接まで私が主導しているのですが、ＰＭＯの採用に当たって注意したことがいくつかあります。なぜそのことをここで伝えるか、というと「選ばれるＰＭＯになるためになにが必要なのか」を覚えておいてほしいからです。

まず、私は履歴書や職務経歴書のほかに「ヒアリングシート」を提出させることにしています。

このヒアリングシートでチェックしているのは

・ビジネスの常識が備わっているか
・自分のキャリアや実績を論理的に文章化できているか

の２点です。

１つ目のビジネスの常識があるかについては、

・期日通りにヒアリングシート提出しているかどうか
・言葉遣いやビジネスマナーは適切かどうか、誤字脱字はないか

・ヒアリングシートを受け取って、質問されているとおりに回答して送信までできるか
・問われている質問を理解して回答できているか
といったごく基本的な事柄を見ています。

2つ目の論理的に文章化できているかについては、
・全く知らない人に対して「伝わる」文章が書けているか
・過去の実績や経験をストーリー立てて説明できているかどうか
・自分の知らないこと、わからないところは、「どこまでを知っていて、どこからがわからない」
というわからない範囲を把握できているか
・問われている質問に対して、網羅的に回答できているか
・自らの失敗や過去の経験を客観的に分析できているか
などを見ています。

「いやいや、これくらいのことできているでしょう?」と思われるかもしれませんが、意外と論理的な文章を書けない人は多いものです。例えば、単語だけを書く人や、そもそも文章になっていない人、あるいは「てにをは」がめちゃくちゃになっている人、抽象的な表現と具体

的な表現の区別がついていない人など、文章ではそのあたりが浮き彫りになりやすいのです。

いくら面談がしっかりこなせていても、私は文章化ができていないＰＭＯは採用しません。

それはなぜか。

「プロジェクトＰＭＯになったとき、トラブルを引き起こしやすいから」です。

例えば、あるシステム更改のプロジェクトに携わり、10名ほどのメンバーのＰＭＯになったとしましょう。

そこであるメンバーの一人が「体調が悪くて今日休みたい」という連絡をしたいと考えました。しかし、「体調が悪い時の連絡方法が書いてない」ということがわかりました。

それをＰＭＯに指摘すると「いや、緊急のときは電話するのが当然ですよね」と返ってきました。

メンバーは尋ねます。

「でもそれ、どこにも書いてないですよね……？」つまり、このＰＭＯは「自分の常識を伝える」という意図を持っていないため、相手に伝える技術が不足しているのです。

このように「自分の思い込み」があり、なおかつ「文章化がされていない」とあちこちで事故がおき、プロジェクトは混乱してしまうのです。

これまでに何度も言っているようにＰＭＯの役割のひとつは「プロジェクトに対して事前にルール付け」を行うことです。

このルール付けが行える素養があるかどうか、私は事前のヒアリングシートでみているのです。

当たり前のことですが、自分の考えは伝えなければ相手が察してくれることはありません。プロジェクトではこういった基本的な事柄をひとつずつ積み重ねていかなければならないのです。

それを人は文章力とか、論理的思考力とか、聞かれたことに対して適切に答えられる「対応力」と呼ぶのでしょう。もしご自身でこれらのスキルに自信がない場合、今からでも遅くはありません。スキルを身に付けるトレーニングをしてほしいと思います。

今すぐできることとしては、職務経歴書を書き直すことです。そもそもヒアリングシートを用意した背景として職務経歴書の記載レベルが全体的に低いと感じたことにあります。「ＰＭをしてきた」「部長をしてきた」「役員をしてきた」というような記載でその人を見極めることはできません。自分の実績や経験を論理的に網羅的に職務経歴書に表現されていればヒアリングシートは必要ないのです。しかし、職務経歴書にそれらが読み取れる内容を書いている人はかなり少ないです。前述した内容を意識して書き直すだけで、評価はグッと上がるはずです。これはフリーランスだけでなく、転職を考えている人のエントリーシートの書き方にも応用できます。

トレーニングしてみた結果を試す手段として、自分の職務経歴書を書き直してみて、自分を全く知らない人に対して「伝わる」内容になっているかを確認してみることをおすすめします。

〈徹底的な計画性〉と〈圧倒的な柔軟性〉で勝負する

私はよく駆け出しのＰＭＯに「プロジェクトでは、綿密な計画を立てるようにしましょう」と伝えています。ここでいう綿密な計画とは、「プロジェクトがどれくらいの期間がかかるかを把握し、そこから逆算して一定の期間ごとにやるべきタスクを明確化する」ということです。例えば、２年がかりのプロジェクトの場合、１年後にここを達成するために１ヶ月でここまで達成する。

１か月のうち１週目はこのタスク、２週目はこのタスクが完了する。だから１日単位ではこの部分までやり切る。という風に、正確にタスクをスケジュールに落とし込むことをいいます。

しかし、何度もお話ししてきているようにスケジュールを立てたとしても、ほとんどの場合スケジュール通りにはいきません。そのとき多くのＰＭＯは、「なにがなんでも当初のスケジュール通りに動かさなくてはいけない」

「だからみなさん徹夜してでも遅れを取り戻してください」と言ってしまいがちです。

しかし、そのような解決法は「思考停止」だと言わざるを得ません。ときにＰＭＯは自分が立てた計画を全部捨ててリプランニングするくらいの柔軟性を持つ必要があります。

例えば、今週ここまで終わっていなければならない計画があったとしても、トラブルが起こったり、それよりも優先して解決すべき問題があったりする場合は、「大丈夫ですから、こちらを先にやりましょう」という判断と決断力を持ってやるべき作業を動かす必要があるのです。

さて、そう考えてみると「計画通りにいかないなら、そもそも計画なんか立てなくてもいいのでは?」ととらえる方もいらっしゃいます。

しかし、それは大きな間違いです。

無計画でプロジェクトを進めれば、現場は混乱します。

「計画性がなく、やってもやらなくても同じ」といったプロジェクトでは、そもそも「計画をやりとげる」という認識すら薄れてしまうかもしれません。得てして人は、優先順位が低い業務は後回しにする性質があるからです。あくまで仮置きだったとしてもスケジュールを立ててメンバーに「目安」を知ってもらうことが大切なのです。

プロジェクトが進んでいく中でたびたびスケジュール変更は起こりますが、これはメンバーにとって心配や不安のタネを生みます。そういう意味でＰＭＯは、どっしり構えて「メンバーに安心感を与える」役割もあるのです。

「このＰＭＯの言う通りに進めれば大丈夫。だから自分たちはこの仕事に集中しよう」。そう思わせれば、ひとつ成功したといえるでしょう。

メンバーにそう思ってもらうためにも、ＰＭＯは、常にリスクを考えながら自分自身「余白」を持って置く必要があります。

スケジュール通りにいかなくても、慌てることも、動揺することもありません。

大切なのは、変わってしまったプランを今後どう立て直し、どうリカバリしていくか。

その対応にＰＭＯとしての真価が問われているのです。

10年経っても連絡が来るような仕事をしよう

「過去お付き合いした方から連絡が来るような仕事をしましょう」「自分のことを思い出してくれるような、パフォーマンスの高い仕事をしましょう」とお伝えしてきました。

では具体的にどんな仕事ぶりをすべきなのでしょうか。

私がまず大事にしてきたのは、「細かな課題を発見し改善すること」です。

過去私が経験した会議に使用する資料を用意する場合で考えてみましょう。

毎回、資料を印刷する際に、Excelは印刷範囲の設定が必要になります。1個のファイルの中に数十個の仕様書がありそれを出さなければならない場合、1シートごとに設定が必要になります。

いちいちファイルを開いて、シートを直して印刷というのを数十回やらなければならないことになります。これは、時間も労力もかかり、とても大変です。

そこで私は、マクロプログラムを作成して、印刷ページを自動設定できるように組みました。

すると、印刷する際いちいちファイルを開けることがなく、一発で印刷できるようになったのです。

このような効率化を発見するには、課題にもならないような、ちょっとした課題を見つけて改善まで持っていける、そんなスキルを持っていなければなりません。

さらに、こうした改善でお客様が「作業が楽になった」「時間に余裕ができた」と感じてくれること。その「ポジティブさ」が記憶に残り「またあの人にお願いしたい」と思ってくれる要因になるからです。

つまり、改善は1つや2つでは記憶に残りません。毎回、要所要所のタイミングで業務を楽にしてくれる「回数」も一定程度必要なのです。

先ほどの印刷の例を読んで、「今はペーパレス化していて印刷なんてしないからこの事例は役に立たないな」と感じたあなたは先の例の本質を読み解けていません。私は、現在でもSaaSのサービスをAPIでつなげて、業務を自動化したり、制限がある場合は、自作のスクリプトで代用したりと日々改善をしています。

10年前と今では環境やツールも変わっていますが、やっている改善の発想そのものは変わっていません。

さらに、印刷なんかの仕事は秘書がやっているから、とか事務員がやってくれるから、自分には関係ないと考えたあなたも本質を読み解けていません。ＰＭＯはプロジェクト全体の最適化を図るポジションです。誰かがやっている仕事の最適化をすることが全体の最適化につながるのです。


それが積み重なると、人は「このプロジェクトを楽しい」と思ってくれるようになります。

実際、私が声をかけられるときも「前に甲州さんと一緒に仕事をして楽しかったからさ」「なんか充実していたから、また一緒にやりたいと思ってさ」と言われることが多いのです。

おそらく、そういう印象を持たれやすいのは無駄な作業を減らして相手と会話する時間が増え、集まってくる情報量も増え……ということを繰り返しているからだろうと推測します。

では、このような発見をするためには、どうすればよいのでしょうか。

この発見力を身に付けるには、ずばり「日常生活を送る中で、さまざまなものに対して関心を持ったり興味を持ったりすること」だろうと思います。

みなさんも電車や車に乗ったり、Amazon やＥＣサイトで物を購入したりすることもあるでしょう。そのときになにも考えずにただ利用するのではなく、「きっと裏ではこういう動きになってるんだろうな」とか「こういうシステムが組まれているはずだ」と予想してみてほしいのです。

あるいは、トラブルに見舞われることもあるでしょう。

例えば家電が壊れてコールセンターに電話しなければならないとき、ただ漫然と要件を伝えるのではなく「きっとコールセンターではこんなシステムがあって、人はこんな風に動いているはずだ」と考えてみるのもいいと思います。

「いったいこれが何の役に立つの?」と思われるかもしれませんが、実はこういった自分の体験が「細かな部分にまで意識するトレーニング」になるのです。先の印刷の例で言えば、街中やお店でもらうチラシも印刷している人がいます。その印刷はどのように行われているか、想像したことはありますでしょうか? このようなことを考えるだけでもトレーニングになります。

「10年経ってもお付き合いしたい」と思われる人になれるかは、毎日の積み重ねにかかっているのです。

高専を受けたのは就職率100%だったから

ＰＭＯについて熱く語ってきた私ですが、最初からＰＭＯを目指していたかというと、そうではありません。

中学生のときは、やりたい仕事も就きたい職業もとくにない生徒でした。しかし、そうはいってもやってくるのが高校受験。

「甲州は進路、どうするんだ?」と言われても「何も決まってません」という感じだったのですが、進学先を調べていくと「高専は原則就職率１００%」ということを知りました。

もともと、意味のない学習はしたくないという生意気な生徒だった私。みんなと同じように普通科に進学することに少し抵抗もあったのです。

そんな私にとって「就職率１００%」という数字はとても魅力的に見えました。

実務に使えることを学ぶから、企業はそこの人材を取りたくなるのだろう。

企業で即戦力や自分が得てきた能力を発揮するために勉強は必要だ、という論理が私にはしっくり来たのです。

私が高専を選んだもう1つの理由は「今後、パソコンや情報システムはどの仕事でも必ず使うだろうから、習得しておきたい」ということでした。

2つの理由から、私は高専に進学。プログラム言語や情報処理を学ぶ「制御情報工学科」（現在は名称が変更されています）に進みましたが、ここで学んだ知識はＰＭＯとなった現在でも通用するものとなっています。「ここを卒業しておけば仕事には就けるだろう」という安易な考えではありましたが、結果的に高専に進学してよかったと思っています。

「なりたいものがない」「やりたいことがない」と悩む学生さんや20代の方は多いと思います。

しかし、私は「なりたいものはなくてもよい」と考えています。私自身なりたいものは何なのかわかりませんでしたが、「勉強することの納得感」を持っていたからです。

もし、みなさんが職業選択で悩んでいるのなら、「とりあえず将来何の仕事に就いたとしても必要なスキルを身に付けておく」でいったんはいいのではないでしょうか。

スキルを身に付けておいて、いざやりたいことが見つかったときに、加速力をつけて一気にやりたいことに向かっていく。そのときに身に付けたスキルがあなたの「後押し」になるはずです。

人生は短いようで長いもの。

今はスキルを身に付けて、のちのちやりたいことを選んでもいいのです。

そう考えたとき、身に付けるべきスキルがPMOに関わるものだったらいいなと私は思っています。

ＰＭＯスキルはどんな時代でも武器になる

私がフリーランスになったのは、２００８年。現在15年目になろうとしています。この15年間、社会では大きな変化が次々に起こりました。

「ＰＭＯのスキルを身に付けておけば、どんな時代でも生き残っていける」

まさにこのことを私自身痛感してきたのです。

それだけではありません。ＰＭＯとして培ってきた管理、マネジメントスキルや経営視点や論理思考は、どんな企業でも、またどんな業務でも使うスキルです。

例えば、フリーランスから法人化して、会社経営をしたいといった場合、経営計画や事業計画を立てて、スケジューリングする。これはＰＭＯの知識や経験で対応することができます。

さらにその法人が大きくなり、従業員を抱え新規事業のプロジェクトが立ち上がれば当然、マネジメントしたり、管理したり進行していくといった道筋が必要になります。ＰＭＯの経験があれば、「どうすればこのプロジェクトが成功するか」を大枠でもつかむことができます。

「今とは全く違う業界に転職したい」といった場合ではどうでしょう。

システムとは無関係な業界・会社に転職したらPMOのスキルは使わない？

そんなことはありません。

2023年現在において、情報システムを使わない仕事はほとんどないと言っていいでしょう。

だからこそ、あなたがアナログな企業に転職したらPMO的な視点を活かして、業務のシステム化・自動化に一役買うことができるはずです。自動化すれば、社員はもっと価値のある仕事に注力できるはずですし、より多くのお客様に価値提供できるはず。

さらに、実現すべき目的を探して、それを具体的に進める際あなたは施策をプロジェクト化して進めることができます。

企業側からすれば「優秀な社員が入って活躍してくれている」と思うことでしょう。

もし、転職先の業務知識や業界知識がなくても、業務サイクルや社内の組織はそう大きく異なるものではありません。業務の理解スピードや改善案の提案量は他の社員が驚くほどだと思います。そういう意味でどの企業に転職しても通用するのがPMOスキルと言っていいと思います。

では、「お蕎麦屋さんをやりたい」場合で考えてみましょう。

まずは何よりも美味しいお蕎麦を用意しなくてはなりません。どのようにして美味しいお蕎麦を作るのかは、改善の繰り返しそのものです。何年も続くお店は季節や気候、さらには時代にあわせて味を変えてお客様に喜んでもらえるように何をどう良くしていけばよいかを一つ一つクリアしていくことになります。

何でもそうですが、一人で会社はできません。はじめは店主一人で始めたとしても、仕事をするうえで、お客様、取引先、仕入先などの関係者と力を合わせて仕事をすることになります。すべての仕事は、自分一人ではなく、関係者と一緒にプロジェクトのように仕事をしていくはずです。あなたがやりたいことを実現するために、関係者を巻き込むことは、ＰＭＯのスキルそのものなのです。

どんな時代でも武器になる。

さらには、将来、自分の本当にやりたいことが見つかったとき、やりたいことを手助けしてくれ、さらには最初から高いパフォーマンスや結果を出せると言っても過言ではありません。

私は、「どんな時代でもマルチで通用する」という意味でＰＭＯスキルは自動車運転免許のようなものだと考えています。

自動車運転免許は、なにも物流や配送業務に就く人が持つものではありません。営業先に行くのに車を使う人もいれば、取材先に行くカメラマンが車を使用する場合もあるでしょう。業務や業種を選ばない、そんな免許のような存在であるＰＭＯスキル。このスキルを持った人が世の中に増えることで、ひとつでも多く、企業や社会の課題が解決できるのではないか……大げさかもしれませんが私はそう考えています。

あとがき

最後までお読みいただきありがとうございました。いかがでしたでしょうか？

中にはこのあとがきからお読みになっている方もいらっしゃるかもしれません。

そのような方は、ＰＭＯのセンスが充分にあると考えられるため、ぜひ1章からお読みいただくことをおすすめします。期待は裏切らないと思います。

本書は私のこれまでの経験や考え方をまとめさせていただきました。

どのような形であれ、本書をお手にとって読んでいただいたことに本当に感謝しています。

仕事をするなかで多くのプロジェクトメンバー、関係者と会話することが多く、その際、同じような内容を何度も言っている自分に気づいたときがありました。

そして、まずは誰でも読めていつでも伝えられるブログを書こうと思ったのが最初です。

お会いする人、一緒に仕事をする人たちに伝えたい事象が発生したらブログＵＲＬを相手に送るということを今でも繰り返しています。

特に初めて仕事をする人に、「私が重視している内容」を伝えることでスムーズに仕事ができた経験が何度もあります。

ブログを書き始めたときは、同じことを何度も話すのが面倒だからという理由でしたが、これが溜まっていけば本を出すこともできるかもしれないと頭の片隅で思っていました。

その時は、出版できるとは全く思っていませんでした。

（計画立案を重視するＰＭＯですので、ぼんやりとした計画は実現されないと思っているのは職業病です）

それが、取引先の方々とお話しする中で出版の話があがり、見事皆様にお届けできる状態までになったことは私自身が一番驚いています。

本書の内容は、単なるプロジェクトを成功させる方法ではなく、１人のＰＭＯとしての成長方法を書かせていただきました。

それは、短期間で結果を出すものではなく、長期にわたってあなた自身の能力を育てていく内容です。

ですので、すぐには結果がでないかもしれないですし、時間もかなりかかるかもしれません。

しかし、時間がかかって手に入れたその能力は、お金では買えない、誰にも奪われない、誰とも代えがたい、強固なものになります。

長い道のりを楽しみながら、手に入れた能力でさらにあなた自身を飛躍させることを願っています。

本著の内容を行動に移せば、必ず、仕事の途切れないＰＭＯに近づけます。

本書に書いた内容は、全て私自身の経験談であり、少なくとも本書に書いてある人物が存在するという認識を持っていただけるだけでも嬉しく思います。

本書の中では「コミュニケーションが大事」という記述がいくつもあります。

この本そのものもあなたとのコミュニケーションの１つです。

私が思っていること、感じていることを伝え、それを受けてあなたの考えをじっくりまとめていただいて、お会いした時、お話しする時、お仕事する時は、より深く語れ、有意義な時間を過ごすことができるのです。

闇雲にとりあえず会って話しましょう！という時間の使い方とは全く違う会話ができます。

私は、同じような考えをもった方や能力を充分に備えた方と一緒に仕事をし、成長したいと考えています。

本書を読んで、モチベーションが高まり、少しでも行動したいと考えた方は、まず、自身のやってきたことの考えをまとめてみてください。（文章で約２０００字程度）自分自身を見つめ直すところから始まります。

全く何から手を付けてよいかわからないという方のために、無料でダウンロードできる職務経歴書テンプレートをプレゼントいたします。

読者専用プレゼント
職務経歴書テンプレート
https://www.office-root.com/pmo-book-readers-bonus

これは私が実際にお客様に自身を提案する際に提出していたフォーマットです。

一般的な履歴書や職務経歴書とは違い、事例や経験が伝わりやすい内容になっています。

その後はぜひ、協業パートナーにエントリーください。

一緒にお仕事ができる日を楽しみにしています

協業パートナーエントリー
URL
https://www.office-root.com/freelance-pmo-partner/

また、本書をお読みになり、共感いただけた企業の方、団体の方は、講演などにお声がけください。

本書の出版にご協力いただきましたビジネス教育出版社では、金融機関向けに「本業支援強化 システム開発の流れと勘所」という映像授業のプロジェクトが進行しています。（タイトルは検討中のため変更となる可能性があります）

融資担当者に向けて、システム開発の流れやどのタイミングで資金ニーズが生まれるのかを知ることによって、融資先のDX推進などを後押しする意図があります。

このほかにもシステム開発に直接かかわらない方むけに、システム開発の流れについての解説や、複数の会社が関係する中規模以上プロジェクトにおいて効率的で事故を起こさない進行手法などを講演させていただくなど、幅広いテーマで対応させていただいております。

例えば「システムの品質はどう担保するか？」これはシステムの仕様だけでなく、開発の体制や契約にまで話が及び、学びが多いと評判の良いテーマです。

もっと経営的な立場で、「攻めと守りのシステム開発」と題し、システムに投資したお金をどのように回収するのか。回収期間やその性質などをお伝えするテーマもございます。

テーマの相談から承りますので、興味がありましたら、contact-from-book@office-root.com（office Root 書籍専用窓口）までお気軽にお問い合わせください。

本書の内容は、時代の変化に影響されない、一人で生き抜く力を身につける内容を書いた本ですが、振り返ってみると常に周りに支えられ、幸運に恵まれていると感じ続けています。

病気や怪我もせず、丈夫な身体に産んでいただいた両親にまず感謝します。

子供の頃からよく遊び、勉強できる環境で育つことができ、学生時代は、勉学に集中できる生活を送ることができ、社会人になってからは、見知らぬ環境で生活する不安を同僚や周りの方々から支えていただき、文字が読め、理解することができることでたくさんの本を読むことができ、知識を得て多くを学ぶことができました。

フリーランスとなってからは、私に仕事を提供していただき、私の気づかぬところで見ていただき、お声がけをいただいたお客様、一緒にプロジェクトで切磋琢磨しあって来たプロジェクトメンバーの同志の方々、協業パートナー、スタッフをはじめとする取引先の皆様、このような機会を与えてくださった出版社の方々、本当にありがとうございます。

一人で何でもできるように感じていたことは、周りからの支えと幸運の中にあることで実現できていることを忘れてはならないと改めて感じることができました。

そして、私のことを常に一番近くで支えてくれた愛妻と2人の息子に最大限の感謝を伝えて、本書の締めくくりとします。

甲州　潤

〈著者プロフィール〉
甲州　潤（こうしゅう　じゅん）
株式会社office Root（オフィスルート）代表取締役社長
（ＰＭＯ支援、ＩＴ戦略立案、ＣＩＯ代行等）
1984年9月17日生まれ　山形県出身
中学時代からパソコンに親しみ、国立高等専門学校の情報工学科に進学。アルバイトをせず、ひたすら情報処理の学習に打ち込み、プログラミングコンテストでは全国６位になる。また、在学中に応用情報技術者試験（ソフトウェア開発技術者試験）に合格。卒業後、ソフトウェア開発企業に入社。ソフトウェアエンジニア（ＳＥ）としてプロジェクトの中で一連の開発業務を経験した。その後フリーランスに転身し、50〜200人規模の国内大手ＳＩ企業のプロジェクトに多数参画。
大規模プロジェクトに参加する中で、優秀なエンジニアが多数いるのにシステム開発がうまくいかないことに疑問を抱く。その解決策として、プロジェクト・マネージャーをサポートするＰＭＯを目指すことを決意した。
ＰＭＯとして活動する中で、問題解決力、ファシリテーション力を評価され、「ＩＴコンサルタント」としての業務を依頼されるようになる。
国内大手ＳＩ企業、国内外大手コンサルティング会社との協業が増え、2020年に法人化する。

DX 時代の最強 PMO になる方法

2023 年 9 月 8 日　初版第 1 刷発行

著　者　甲州　潤
発行者　延對寺 哲

発行所　株式会社　ビジネス教育出版社

〒102-0074　東京都千代田区九段南４-７-13
TEL 03(3221)5361(代表)／FAX 03(3222)7878
E-mail▶info@bks.co.jp URL▶https://www.bks.co.jp

印刷・製本／モリモト印刷株式会社

ブックカバーデザイン／飯田 理湖　本文デザイン・DTP／モリモト印刷株式会社
出版プロデュース：㈱天才工場　吉田浩
編集協力：潮凪洋介・掛端玲

落丁・乱丁はお取替えします。

ISBN978-4-8283-1017-6　C0034